Stolpersteine auf dem Teeweg

Für
Susann und Miriam

und im Angedenken meiner leider
schon verstorbenen Tee- und Zenfreunde,
die mein Leben in so vieler Hinsicht
bereichert und beglückt haben

Michael Soei Birch
Rabbi David A. Cooper
Miriam Goldberg
Hartmut Hauser
Prof. Dr. phil. Detlef Kantowsky
Ingrid Kantowsky
Ven. Henry Mittwer
Prof. Dr. Dr. Peter Schendl
Prof. Dr. Zwi Werblowsky

Unsere Welt
mag flüchtig sein wie Tau -
und dennoch und dennoch…

Issa

Stolpersteine auf dem Teeweg

Ulrich Haas

Impressum

www.teeseminar.de
Jahr: 2021

ISBN: 9789403616490

Umschlagfoto: Honen-in, Kyoto
Fotograf: Christian Kaden, www.japan-kyoto.de
Umschlaggestaltung: Claudia Weinhold
Lektorat: Thomas Neumann, Albrecht Ude

Verlagsportal: Bookmundo
Gedruckt in Deutschland

Hinweis

Das Thema „gendergerechte Schreibweise“ ist auch für mich ein wichtiges Thema. Das Ergebnis nach eingehender Prüfung lautet: Die eine Musterlösung, die allen Geschlechteridentitäten gerecht wird, gibt es zurzeit nicht.

Im Sinne einer besseren Lesbarkeit der Texte wurde von mir – neben der Geschlechter neutralen Schreibweise – entweder die männliche oder weibliche Form von personenbezogenen Hauptwörtern gewählt. Dies bedeutet keinesfalls eine Benachteiligung des jeweils anderen Geschlechts. Wenn ich also beispielsweise von Gastgebern und Wegbegleitern spreche, meine ich natürlich auch Gastgeberinnen und Wegbegleiterinnen. Frauen und Männer mögen sich von den Inhalten dieses Büchleins gleichermaßen angesprochen fühlen.

Alle besonderen Begriffe habe ich im Glossar am Ende des Buches erklärt.

Inhalt

Einführung

„In meinen Händen halte ich eine Schale Tee. Seine grüne Farbe ist ein Spiegel der Natur, die uns umgibt. Ich schließe meine Augen, und tief in meinem eigenen Herzen finde ich die grünen Berge und das klare Wasser der Quellen. Ich sitze allein, werde still und fühle, wie all dies ein Teil von mir wird. Teile ich diese Schale Tee mit anderen, werden auch sie Eins werden mit ihr und der Natur. In uns selbst, und in der Gesellschaft anderer eine lebendige Stille und einen dauerhaften Frieden zu finden, das ist CHADO – der Teeweg."

(Soshitsu Sen XV)

Der japanische Teeweg (*Chado*), mit der Teezeremonie (*Chanoyu*) als dessen augenfälligstem Bestandteil, ist einer der Wege des Zen-Buddhismus. Er ist somit eine Kulturform, die aus der Suche nach dem Natürlichen, aus dem Streben nach Einklang mit der Natur selbst entstand. Im Teeweg vereinigen sich nebeneinander Aspekte der Kunst, Moral, Philosophie und Religion. Aber auch praktische Dinge, wie das sachgerechte Behandeln von Gegenständen des täglichen Gebrauchs, nachdem man ihren jeweiligen Charakter zu erkennen gelernt hat, die aus der Erkenntnis folgende Offenheit gegenüber der jeweiligen Umwelt, und die Beherrschung essentieller Gesellschaftsformen. Es ist gerade der einfache Genuss einer Schale Tee, bei dem die vier Grundprinzipien im Teeweg lebendig werden: *Wa, Kei, Sei* und *Jaku*.

„*Wa*" bedeutet Harmonie. Sie ist das Gefühl des Einsseins mit der Natur und den Menschen. Bei einer Tee-Zusammenkunft gibt es die Harmonie zwischen Gast und Gastgeber, die Harmonie zwischen den Gästen, Harmonie der Stimmungen in den Jahreszeiten, die Harmonie der gereichten Speisen und der verwendeten Teegeräte. Das Feingefühl für die wechselnden Rhythmen der Jahreszeiten und deren Harmonie durchdringen den Teeweg. Der Gastgeber wählt sorgfältig die Teegeräte, die Blumen und die Bildrolle so aus, dass sie zur jeweiligen Jahreszeit passen, und er verwendet zum Erhitzen des Wassers je nach Jahreszeit einen tragbaren Holzkohleofen im Sommer oder eine im Boden eingelassene Feuerstelle im Winter. Auch das unvorhersehbare Wetter ist ein fester Bestandteil einer Teezeremonie und wird weder ausgeschlossen noch als unangenehm empfunden. Die Harmonie mit der Natur führt zu einem tiefen Verständnis für die Vergänglichkeit der Dinge und für das Unwandelbare im Wechsel.

„*Kei*" bedeutet Ehrfurcht und Hochachtung. Die Hochachtung erwächst aus einem natürlichen Dankbarkeitsgefühl und beinhaltet nicht nur die Menschen, sondern auch die verwendeten Teegeräte und unser tägliches Leben. Die strengen Umgangsformen, die in einem Teeraum gepflegt werden, helfen die Prinzipien von *Kei* im Alltag anzuwenden. Für den Uneingeweihten erscheint die Teeraum-Etikette anfangs sehr fremd und streng; sie dient aber nur dazu, *Kei* jedem nahezubringen. Die Gastfreundlichkeit des Gastgebers, die Rücksichtnahme der Gäste untereinander und die sorgfältige Handhabung der Teegeräte geben Beispiele für diese Art der Hochachtung.

„*Sei*" bedeutet Reinheit, Sauberkeit und Ordnung, im körperlichen wie im geistigen Sinn. Sie sind ein wesentlicher Bestandteil, sowohl im Zen- als auch im Teestudium. Wenn der Gastgeber die Teegeräte reinigt, so reinigt er gleichzeitig sein Herz und seinen Geist durch die völlige Konzentration auf diese Tätigkeit. Bevor die

Gäste das Teehaus betreten, gehen sie einen Gartenpfad entlang, reinigen ihre Hände und spülen den Mund an einem niedrigen Steinwasserbecken, um sich selbst vom „Staub des Alltags" außerhalb des Teehauses zu reinigen. *Sei* bedeutet auch Einfachheit, das Weglassen aller unnötigen Elemente. Das Aussehen des Gartenpfades und des Teehauses sind Beispiele für diese Einfachheit. Nach der Tee-Zusammenkunft sitzt der Gastgeber noch eine Weile allein reflektierend im Teeraum, bis er dann das Teehaus und alle verwendeten Teegeräte reinigt und versorgt. Der Raum ist, wie zu Beginn, wieder leer.

„Jaku" bedeutet Stille. Durch die dauernde Übung von *Wa, Kei* und *Sei* wird man auf die völlige Ruhe und Stille des *Jaku* vorbereitet. Dieses *Jaku* bedeutet aber nicht nur die übliche psychologische Stille oder das Fehlen von Lärm, sondern ist ein geistiger Zustand, der den eigenen Geist und Körper transzendiert hat. Hier strömt die dynamische Kraft des innersten Seins in den Teeweg ein. Ohne diese Kraft würde jede Tee-Zusammenkunft ihre Bedeutung verlieren. Die grundlegende Philosophie des Teewegs ist eine umfassende Synthese von östlicher Kultur und religiösen Traditionen. Sen

Rikyu (1522–1591) hat sie in diese vier grundlegenden Begriffe Harmonie, Hochachtung, Reinheit und Stille zusammengefasst. Fortwährende Übung dieser vier Grundsätze innerhalb und außerhalb des Teeraums führt zu einer gesteigerten Achtsamkeit und zu tiefem inneren Frieden.

Im Teeweg vereinigen sich Harmonie, Hochachtung, Reinheit und Stille. Über die Streitigkeiten im Alltag erhebt sich die Harmonie der Teezubereitung, welche Gäste und Gastgeber eint. Die Würde des Teewegs entzieht jedem scheinheiligen religiösen Zeremoniell den Boden und schafft Hochachtung gegeneinander wie auch gegenüber dem gemeinsamen Ziel. Kein menschlicher Ehrgeiz wird befriedigt noch vollzieht sich eine neiderregende Zurschaustellung persönlichen Besitzes, sondern die Teezeremonie beginnt unauffällig, verläuft bescheiden und demütig in geistiger Reinheit und endet still. Die Stille im Teeraum entspricht der Stille der Gedanken.

Durch sie eröffnet sich im Verlauf des Weges der Zugang zur eigenen Mitte. Der Teeweg ist ein sich immer wiederholendes Bemühen des Menschen, sich selbst zu erkennen. Schritt für

Schritt nähert sich der Mensch sich selbst, bis er zur Einheit von Körper und Geist, zur Ganzheit gelangt.

Zen und der Teeweg

Und doch hat der Teeweg, wie andere Zen-Wege auch, kein greifbares Ziel. Beginnt man einmal die Teezubereitung zu erlernen, dann begibt man sich auf den Teeweg. Ein Ende des Lernens, ein Ende des Weges gibt es nicht. Das Streben nach einer Wandlung, bei der man sich auf das Walten der Natur verlassen muss und die man nicht suchen darf. Es vollzieht sich eine Wiederbelebung von Körper und Geist. Die Sinne werden empfindsamer und freier und der Teeweg wird zum Weg nach innen.

Der Teeweg im Westen

Wenn der Teeweg auch heute immer noch einen so gewichtigen Platz unter den Zen-Wegen einnimmt, dann hat das seinen Grund wohl gerade darin, dass auch in Japan der Mensch heute in einer Zeit lebt, die auf so vielen Lebensgebieten die Mitte verloren hat, deren

Menschen aber den Wunsch nach Stille in sich tragen. Doch auch in westlicher Kleidung und mit einfachen Teegeräten weit weg von Japan, ist der Teeweg zu finden. Jetzt in einer Zeit des geschärften Krisen- und Umweltbewusstseins, können Menschen nicht nur in Japan in der scheinbar so fremdartigen Teezeremonie einen Weg zu neuem Selbst- und Naturverständnis entdecken; das scheinbar Entlegene könnte sich als das Nächste, Notwendige erweisen.

Vielleicht haben die Menschen auf dem Teeweg vielen ihrer Mitmenschen vor allem dies voraus, dass sie gelernt haben, sich in ihrer Lebenszeit auf die wesentlichen Dinge zu konzentrieren. In der Weise, wie sie dem Gast die Schale reichen, und wie dieser sie entgegennimmt, setzen sie gegen Unordnung und Wirrnis eine lebendige Harmonie, gegen Egoismus und Selbstgerechtigkeit eine lebendige Ehrfurcht, gegen Hässliches und Schmutziges eine lebendige Reinheit, gegen Hast und Unruhe lebendige Stille.

Jeder Weg beginnt mit einem ersten Schritt

Ich war neun Jahre alt, als ich an einem sonnigen Nachmittag bei einem kleinen Spaziergang durch Königsfeld über den Gartenzaun einem alten Mann beim Umgraben seines kleinen Gartens zuschaute. Es war nicht die Tätigkeit selbst, die mich dort anhalten und verweilen ließ, sondern der Umstand, dass der Arbeiter nach jedem Spatenstich in die Erde innehielt, sich bückte, und jeden einzelnen Wurm vorsichtig zur Seite legte, ehcr er den nächsten Spatenstich tat. Der alte Mann winkte mir zu, sprach mich an; an seine Worte kann ich mich nicht mehr erinnern. Wohl aber an sein sonntägliches Orgelspiel in der Kirche und an die Morgenandachten, die er an unserer Schule hielt, wenn er gerade von seiner anstrengenden Arbeit in Lambarene Urlaub in seinem Haus in Königsfeld machte: Albert Schweitzer.

> *„Ethik besteht [...] darin, dass ich die Nötigung erlebe, allem Willen zum Leben die gleiche Ehrfurcht entgegenzubringen wie dem eigenen. Damit ist das denknotwendi-*

ge Grundprinzip des Sittlichen gegeben. Gut ist, Leben erhalten und Leben fördern; böse ist, Leben vernichten und Leben hemmen.

Jemand, dem in diesem Sinne das Leben heilig ist, reißt kein Blatt vom Baum, bricht keine Blume und hat acht, dass er kein Insekt zertritt. Geht er nach dem Regen auf die Straße und erblickt den Regenwurm, der sich darauf verirrt hat, so bedenkt er, dass er in der Sonne vertrocknen muss, wenn er nicht rechtzeitig auf Erde kommt, in der er sich verkriechen kann, und befördert ihn vom todbringenden Steinigen hinunter ins Gras. Kommt er an einem Insekt vorbei, das in einen Tümpel gefallen ist, so nimmt er sich Zeit, um ihm ein Blatt oder einen Halm zur Rettung hinzuhalten. Ethik ist ins Grenzenlose erweiterte Verantwortung gegen alles, was lebt."

Er hat es gelebt, und ich kann mich glücklich schätzen, dass ich diesem Menschen als Lehrer, Musiker und Pfarrer zuhören und ihn erleben durfte. Ich habe diese Begegnung am Gartenzaun des Albert-Schweitzer-Hauses nie vergessen.

Es war meine erste Lehrstunde in Achtsamkeit.

Kalu Rinpoche

In den Siebzigerjahren gab es in Deutschland kaum Begegnungen mit Buddhismus oder Zen. Die ersten Bücher kamen von Karlfried Graf Dürckheim und Gerda Ital, die über ihre Erlebnisse in japanischen Zen-Klöstern berichtete. Graf Dürckheim lernte ich später, leider erst kurz vor einem Tod, als einen sehr humorvollen und kraftvollen Menschen, der auch herzlich über sich selbst lachen konnte, persönlich kennen.

Damals gab es in Freiburg ein „Haus der Stille", das eine freundliche ältere Dame verschiedenen religiösen Gruppen zur Verfügung stellte. Was genau mich dorthin trieb, kann ich nicht mehr genau sagen, aber die erste Gruppe, der ich mich dort anschloss, gehörte zur tibetischen Tradition.

Eines Tages erzählte mir ein Freund nach der wöchentlichen Meditationsstunde von einem berühmten Lehrer, der in Kürze nach München kommen würde, und ob ich ihn nicht dorthin begleiten wollte. „Und wer kommt da?“, wollte ich wissen. „Der *Karmapa*, einer der höchsten Lehrer des tibetischen Buddhismus, hält dort ein Seminar ab.“ Ich hatte keine Ahnung, wer das überhaupt ist, reiste aber doch völlig unbedarft nach München.

In einer riesigen Villa in Grünwald war die Eingangshalle leergeräumt, und als ich ankam, saßen dort schon die Schüler eng gedrängt im Meditationssitz. Ich war ungemein beeindruckt, denn in den ersten Reihen saßen die wohl fortgeschrittenen Schüler des Meisters in den traditionellen Roben, vor sich die tibetischen Sutrenbücher, die sie andächtig murmelnd immer wieder umblätterten.

Und ich saß irgendwo mittendrin, in einer mir völlig fremden Umgebung. Trotz der Enge konnte ich meine Beine unterschlagen und kam mir ziemlich verloren vor.

Der *Karmapa* verspätete sich – er wollte am Vormittag unbedingt noch das Schloss Neuschwanstein besichtigen. Ein freundlicher, rundlicher Mann nahm also schließlich auf einer Art Thron Platz und begann nach kurzer

Einleitung mit einer Meditation – meine erste geführte Meditation. An die Details kann ich mich nicht mehr erinnern, aber ich weiß noch, dass ich – trotz der Enge – irgendwie in einen sehr ruhigen und stillen, mir bis dahin unbekannten Zustand, verfiel.

Nach etwa einer Stunde war das Ganze zu Ende, alle standen nach und nach auf und drängten in Richtung Ausgang. Dort waren Tische aufgebaut, an denen Bücher, Räucherwerk und allerlei Devotionalien verkauft wurden.

Mitten im engen Getümmel zog mich plötzlich jemand von hinten am Ärmel und ich drehte mich um. Hinter mir stand ein kleines tibetisches Männlein, das meine Hände in seine nahm und mich anstrahlte: „You had very good meditation!“ Sprach's und verschwand wieder in der Menge. Plötzlich umringten mich alle und stürmten auf mich ein: „Was wollte er von dir?“ „Was hat er gesagt?“ Ich war völlig verwirrt und fragte zurück, wer das denn gewesen sei. „Das war Kalu Rinpoche“, kam es wie im Chor zurück. Ich hatte keine Ahnung, wer das war – und wie konnte er das mit meiner Meditation wissen?

Ein Jahr später habe ich mich für ein Seminar mit Kalu Rinpoche angemeldet, als er Frankreich bereiste. Als er mich nach unserer kurzen Begegnung in München und nach über einem Jahr wiedersah, sagte er zur Begrüßung: „I knew you would come!“ Und so wurde ich sein Schüler bis zu seinem Tod im Mai 1989.

Freunde von mir hatten Kalu Rinpoche einmal auf eine Reise durch die USA mitgenommen und besuchten auch das große Bostoner Aquarium. Dort gibt es Aquarien, die drei Stockwerke hoch sind und fast alles beinhalten, was im Wasser lebt. Kalu Rinpoche war begeistert, und schaute sich wirklich jedes Aquarium an. Und jedes Mal, wenn er ein Aquarium angeschaut hatte, berührte er das Glas mit den Fingern – was eigentlich verboten war – und rezitierte ein kurzes Mantra: *Om Mani Padme Hum, Om Mani Padme Hum*, verbeugte sich, und ging dann erst weiter zum nächsten Aquarium.

„Why are you doing this?”, fragte ihn mein Freund. Und er sagte: „I tap on the glass to get the attention of the fish, and then I bless them, so they can be awakened and be free.”

So ging er durch sein Leben. Wann immer er einem Lebewesen begegnet ist – „mögest auch du frei sein!“ „Mögest du auch glücklich sein!“ Was für eine wundervolle Art und Weise, auf Menschen zuzugehen!

Und wenn ich jemals einem lebenden Buddha begegnet bin – er war einer. Und ich hatte das große Glück, dass er mein erster geistiger Lehrer war.

Singapur

Der erste Tee

Ich hatte meine Berufsausbildung als Ingenieur abgeschlossen und war für verschiedene Firmen im Bereich der Personalschulung hauptsächlich in Nordafrika tätig. Bei einer Tagung in Santander traf ich Graham, den Direktor einer Schule für Sprachen in Singapur. Er fragte mich, ob ich ihm nicht für den Neubau einer größeren Schule im Rahmen der Personalschulung assistieren könnte. Nach einem kurzen Ferienbesuch in Asien begann ich also in Singapur zu arbeiten.

Hier kam ich zum ersten Mal mit Japanern in Kontakt. Einer meiner Geschäftskontakte war der Direktor von „Penta-Ocean", einem der größten japanischen Baukonzerne. In Asien werden die meisten Geschäfte oft beim Essen – oder besser – nach einem Essen abgeschlossen. In Japan ist es eigentlich nicht üblich, dass man Gäste zu sich nach Hause einlädt, sondern man trifft sich in einem Restaurant oder einer Bar.

Deshalb war ich sehr überrascht, als ich eines Tages eine Einladung von Tanaka-san zum Abendessen bei ihm zu Hause erhielt.

Ich wusste nicht, dass es dieser eine Abend war, der eine entscheidende Wende in meinem Leben einleiten würde.

Als ich zur angegebenen Zeit an der Tür klingelte, öffnete mir der Hausherr und führte mich ins Wohnzimmer. Dort saßen im Kreis auf dem Wohnzimmerteppich schon einige japanische Gäste, die ich nicht kannte. Und nachdem ich meine Schuhe ausgezogen hatte, bedeutete mir Tanaka-san ohne weitere Worte auch dort Platz zu nehmen,

Ich kam mir etwas seltsam vor, da ich niemandem vorgestellt wurde und auch sonst kein Wort in der Runde gesprochen wurde. Wir saßen dort also schweigend zusammen, bis die Gastgeberin mit einem Tablett in unserer Mitte auf dem Wohnzimmerteppich Platz nahm. Und sie bereitete für uns alle jeweils eine Schale grünen Tee in der traditionellen Form zu.

Es war meine erste Teezeremonie.

An den Tee selbst kann ich mich überhaupt nicht mehr erinnern, aber etwas ganz anderes hatte mich tief berührt:

Ich war als Gast in ein Haus gekommen, in dem ich niemanden außer dem Gastgeber kannte. Ich wurde niemandem vorgestellt, und wir alle saßen schweigend um unsere Gastgeberin herum, die ebenso schweigend den Tee für uns zubereitete. Auch nach dem Tee schwiegen zunächst noch alle, was mir etwas Unbehagen bereitete.

Schließlich standen wir auf, wurden an den Esstisch begleitet und endlich einander vorgestellt. Ich war vorher noch nie bei einer Einladung, bei der man sich bei der ersten Begegnung nicht vorstellt und dann auch noch eine ganze Zeitlang einfach geschwiegen hätte.

Es dauerte noch einige Zeit, bis ich begriff, dass ich mich nur anfangs unwohl gefühlt hatte. Das Schweigen und die gemeinsame Stille beim Tee hatten mich ungemein beeindruckt. Denn danach hatte ich das Gefühl, als wären wir alle zu einer Art Einheit verschmolzen. Denn auch ohne ein einziges Wort zu sprechen, kamen wir uns näher und hatten überhaupt nicht das Gefühl, dass wir uns heute zum ersten Mal begegnet waren.

Noch nie hatte ich erlebt wie kraftvoll Stille sein kann, und eine Teezeremonie in der Stille – das wollte ich auch lernen…

Der Morgen

Langsam schlug ich die Augen auf. Es war noch völlig dunkel. Irgendein Geräusch musste mich geweckt haben. Die Erinnerungen an gestern tauchten wie ein Film wieder vor meinen Augen auf: Es war früher Nachmittag, als wir unser Boot auf den Strand schoben und uns im warmen Sand ausstreckten. Wir hatten ein wenig geschlafen, als uns laute Kinderstimmen aufschreckten. Wir hatten gedacht, dass dies ein unbewohntes Stück Strand sei. Aber hier kam schreiend eine Horde Kinder auf uns zu gerannt. Uns war das nicht so ganz geheuer; die Abenteuer von der Insel B. saßen uns noch in den Knochen, und ein Menschenleben galt in der Nähe der Insel nicht viel.

Aber hinter den Kindern wurde ein jüngerer Mann sichtbar, der uns freundlich begrüßte und uns einlud, ihm zu folgen. Wir kamen in ein kleines Fischerdorf von vielleicht 15 Hütten. Wir wurden gastfreundlich begrüßt und für die Nacht eingeladen zu bleiben. Es wurde ein herrliches kleines Fest mit einem Gastmahl uns zu Ehren irgendwo an einem malaiischen Strand an der Ostküste.

Die Schönheit des Dorfes hatte mir fast den Atem genommen – ich hatte nicht geglaubt, dass es so etwas noch gibt. Und dann das Festmahl; das ganze Dorf war versammelt. Und ich saß die ganze Zeit einem alten Mann gegenüber, den alle mit sehr großem Respekt behandelten. Sein Gesicht war faltig und alt, aber sein Körper schien irgendwie jung geblieben zu sein. Er bewegte sich schneller und sicherer als die anderen alten Leute.

Wir konnten uns nur mit Händen und Füßen verständigen, da er weder Englisch noch eine andere Fremdsprache beherrschte. Wir lachten viel, reichten uns gegenseitig Speisen und Getränke, und am Ende des Festes hielt der alte Mann eine kleine Rede an uns, von der wir kein Wort verstanden. Einer der jungen Leute übersetzte mir aber, dass der alte Mann mich morgen früh wecken würde, um mit mir ans Meer zu gehen.

Daran dachte ich und war noch nicht ganz wach, als jemand die Leiter zu unserer Pfahlhütte hinaufstieg. Jean, mein Begleiter, schlief noch fest, als der alte Mann leise eintrat, etwas flüsterte und mir ein Zeichen gab, ihm zu folgen. Ich schlug das Moskitonetz zurück, wickelte den Sarong um meine Hüften und kletterte die Leiter hinunter.

Der alte Mann machte mir ein Zeichen zu schweigen, und ich folgte ihm, an den wenigen Hütten des Dorfes vorbei zu einem Palmenhain. Am Rande des Wäldchens setzten wir uns nebeneinander in den Sand. Der alte Mann fasste mich an der Schulter und zeigte mir, wie ich richtig sitzen sollte. Im Mondlicht ahnte ich den weißen Strand vor mir und hörte das Meer rauschen. Ich entspannte mich – alles war ruhig und still.

Ganz langsam wurde es heller. Der Urwald hinter uns erwachte mit seinen unzähligen Stimmen. Die Sonne stieg aus dem Meer. Es war ein unglaublicher Anblick. Eine tiefe Ruhe kam über mich, keine Gedanken kreisten mehr in meinem Kopf. Zum ersten Mal seit Jahren war der dunkle Schatten ganz verschwunden. Gestern und Morgen schienen nicht mehr zu existieren. Ich saß hier und war zufrieden.

Als die ersten Sonnenstrahlen uns erreichten, stand der alte Mann auf, und ich folgte ihm ruhig über den Strand – fühlte den weichen Sand unter meinen Füßen, als sei es das erste Mal – bis nahe ans Wasser. Er schaute mich mit lachenden Augen an und begann sich zu bewegen. Oft hatte ich mich morgens in Singapur an den Tai-Chi-Übungen beteiligt, aber noch nie hatte ich einen Lehrer gesehen, der sich so vollendet bewegte: in Zeitlupe mit einer unbeschreiblichen Harmonie und Geschmeidigkeit. Er lachte über mein Staunen und bedeutete mir mitzumachen. Ich begann mich zu bewegen, so wie ich es bei den Tai-Chi-Meistern in Singapur gelernt hatte. Jeder für sich. Ich tat mich schwer. Ich musste die Augen schließen, um mich besser konzentrieren zu können. Langsam gingen meine Bewegungen harmonischer ineinander über.

Der alte Mann fasste mich an; seine Hände lösten die letzten Verspannungen in meinem Körper. Ich gab mich ganz dem Rhythmus seiner Bewegungen hin, bewegte mich im Einklang mit ihm und harmonisch floss eins ins andere: Wir lösten uns, drehten uns, bewegten uns gegenläufig, fanden wieder zusammen – alles in einer unendlichen Ruhe.

Ich nahm meine Umgebung war. Ich sah die Palmen, die Wellen des Wassers, die Vögel – hörte ihre Stimmen, das Rauschen der Brandung. Und plötzlich durchflutete mich ein unbeschreibliches, nie gekanntes Gefühl der Wärme – ein Gefühl des Glücks:

Ich nehme die Bewegungen einer Möwe
über mir auf –
bin ganz Vogel.
Ich schwinge mich in die Luft –
bin der Sand unter meinen Füßen –
bin biegsame Palme im Wind –
bin Welle in der Brandung …

Einen Monat später kündigte ich meine Tätigkeit in Singapur und flog wieder Richtung Europa.

Japan

Kogure-Sensei

Im Haus meines Freundes Tanaka-san in Singapur, hatte ich mir vorgenommen, die japanische Teezeremonie zu erlernen. Ich wusste natürlich nicht, auf was ich mich da einlassen würde. Und ich wusste auch nicht, wo ich beginnen sollte.

Es gab damals schon das japanische Teehaus *Kansho-an,* die „Einsicht-Kiefer-Klause", im Englischen Garten in München, das dem Bayerischen Staat anlässlich der Olympiade 1972 von der größten Teeschule in Japan, der Urasenke, gestiftet wurde. Aber München war viel zu weit für mich.

Ich wusste, dass ja viele junge Japaner in Freiburg studierten, aber wie sollte ich da etwas über die Teezeremonie in Erfahrung bringen? Glücklicherweise kam mir die Idee, beim ASTA der Universität anzurufen, denn die kümmern sich ja auch um ausländische Studenten. Komischerweise war die freundliche Dame am Telefon gar nicht sehr erstaunt über mein Anliegen: „Oh, interessant, dass sie anfragen... gerade letzte Woche hat bei einem internationalen Studentenfest eine Japanerin eine Teezeremonie vorgeführt; ich schau‘ mal, ob ich ihre Telefonnummer finde.“ Ich bekam die Telefonnummer und rief dort an.

Ja, sagte mir eine Stimme mit Akzent, sie sei zwar in Japan Teelehrerin, aber hier hätte sie keine Schüler und würde auch nicht unterrichten. Aber wenn ich mich für Japan interessiere, würde sie mich gern zu einem japanischen Essen einladen.

Ich war damals in meiner zweiten Ausbildung als Landwirt und Winzer und konnte mir die Zeit meist frei einteilen. Und so verabredeten wir uns zum Mittagessen.

Eine ältere Dame begrüßte mich mit einer Verbeugung und stellte mich ihrem Mann vor, der als Professor an der Universität Tokyo ein Projektjahr an der juristischen Fakultät in Freiburg absolvierte.

Sie verstanden, dass es für mich schwierig sein würde öfter nach München an das dortige Teehaus zum Unterricht zu fahren, und Kogure-Sensei erklärte sich schließlich doch bereit mir Einzelunterricht in der einfachsten Form der Teezeremonie zu erteilen.

Und so fuhr ich jeden Mittwoch gegen Mittag nach Littenweiler, um nach einem köstlichen japanischen Mittagessen Teeunterricht zu nehmen. Kogure-Sensei hatte nur die einfachsten Dinge von Japan mitgebracht, und so mussten wir viel improvisieren. Als Feuerstelle für den Eisenkessel verwendeten wir einen Fondue-Topf mit Spiritusbrenner und als Frischwassergefäß genügte ein Einmachtopf aus Steinzeug.

Oft kam ich abends todmüde vom Feld oder aus dem Weinberg zurück und habe mich dann noch aufgemacht das Tuchfalten zu üben oder mir einen Tee zuzubereiten.

Das Jahr ging schnell vorüber, und Familie Kogure buchte den Flug zurück in die Heimat. Vorher allerdings reisten die beiden noch mit mir nach München, um mich dem dort ansässigen japanischen Tee-Meister Kawasaki-Sensei vorzustellen.

Es war ein trauriger Abschied von meiner kleinen Teefamilie, und von da an fuhr ich fast jeden Monat einmal für einen ganzen Tag nach München ins Teehaus, wo ich meist am Vormittag zuschaute und nachmittags selbst Einzelunterricht erhielt.

So verging die Zeit; meine zweite Ausbildung zum Landwirt und Winzer hatte ich inzwischen abgeschlossen und war als Mitarbeiter im verwandtschaftlichen Betrieb tätig.

Freunde im Teehaus erzählten mir eines Tages, dass die Urasenke die einzige Teeschule in Japan sei, die auch Stipendien für Ausländer anbieten würde. Mein Lehrer Kawasaki-Sensei hielt sich diesbezüglich ziemlich bedeckt. Wahrscheinlich hatte er das Gefühl, dass ich noch nicht so weit sei (was sich im Nachhinein auch als richtig erwies). So schrieb ich meiner alten Lehrerin Kogure-Sensei, ob sie mir da weiterhelfen könne. Und siehe da, beim nächsten Unterricht überreichte mir Kawasaki-Sensei die Bewerbungsunterlagen für ein Stipendium der Urasenke in Kyoto. Ich habe dann erst in

Japan erfahren, dass Kogure-Sensei in Tokyo eine sehr bekannte und angesehene Tee-Meisterin war und gute Beziehungen zum Hauptquartier der Schule in Kyoto unterhielt.

Dann ging alles ziemlich schnell – kaum hatte ich im Dezember meine Bewerbung eingereicht, kam auch schon der Bescheid, dass ich im folgenden April an der Schule mit dem neuen Semester beginnen konnte.

Da stand ich also: Ich hatte nur die einfachsten Grundformen der Teezeremonie geübt und das einzige japanische Wort, das ich kannte, war *Sayonara*. Meine erste Lehrerin Kogure-Sensei und ihr Mann holten mich am Flughafen in Tokyo ab und luden mich erst einmal in ihr Haus in Hachioji, etwas außerhalb von Tokyo, ein.

Die Tage vergingen wie im Flug, mit Sightseeing und mit Teeunterricht, gemeinsam mit den Schülerinnen von Kogure-Sensei.

Sie brachten mich dann auch nach Kyoto. Wir fuhren mit dem Schnellzug Shinkansen, was für mich damals ungemein beeindruckend war.

Deutschland kam mir da plötzlich doch ziemlich rückständig vor.

In Urasenke wurde ich von einem Mitarbeiter des Auslandsbüros, Arita-san, empfangen. Das Semester sollte erst in einigen Tagen beginnen, so dass ich genügend Zeit hatte, mich einzurichten. Bis heute bin ich Arita-san dankbar, dass er mich die ganzen ersten Tage unter seine Fittiche genommen hat, denn ich war in einer mir völlig fremden Welt gestrandet, in der nicht einiges, sondern eigentlich alles anders war als zuhause.

Man erklärte mir, dass die an der Teeschule studierenden Nicht-Japaner *Midorikai,* „die Grünen", genannt würden, und dass das Programm ein dreijähriges Studium einschloss. Mein Stipendium galt für ein Jahr, denn ich sollte danach ja wieder zurück, um im Betrieb zu Hause meine Arbeit fortzusetzen.

Ein Traum?

Es war am zweiten Tag nach meiner Ankunft in Kyoto, als man mich am Nachmittag ins Büro rief. „Da die anderen Schüler alle noch nicht da sind und du ja frei bist, hat dich Oiemoto, der Großmeister und das Oberhaupt der Urasenke, zu einem Gedenktee für den Fürsten Hideyoshi in den Toyokuni-Schrein eingeladen. Und da du nicht weißt, wo das ist, wird dich Arita-san begleiten", eröffnete mir die Direktorin Mori-Sensei.

Am nächsten Morgen holte mich Arita-san in dem kleinen und ein wenig heruntergekommenen Wohnheim an der Horikawa-Straße ab. Mit dem Taxi fuhren wir in den Osten Kyotos bis vor einen kleinen Hügel auf den eine steile Steintreppe führte. Oben befand sich das Schrein-Gelände mit mehreren Gebäuden. Alles war festlich mit weißen Bändern geschmückt. Mir war alles völlig fremd, außer einer kleinen Plattform an deren Ende die mir schon vertrauten Teegeräte standen.

Ich war der einzige Ausländer, und Arita-san bedeutete mir, auf einer der Holzplattformen Platz zu nehmen. Er zeigte mir, wie man hier vorschriftsmäßig in *Seiza*, dem Fersensitz, sitzen sollte.

Nach einer Weile begann ein kleines Orchester alte höfische Musik aus der Heian-Zeit zu spielen, die für meine Ohren zunächst ziemlich befremdlich klang. Vor allem die *Sho*, eine Art Mundorgel aus Bambuspfeifen, die ursprünglich aus China stammte, gingen mir mit ihren durchdringenden, fast schrillen Tönen, durch Mark und Bein.

Inzwischen konnte ich in meinem Fersensitz auf der nackten hölzernen Plattform kaum noch sitzen – die Schmerzen waren unerträglich. In dem Moment als Oiemoto mit weit ausholenden Gesten die Zubereitung für den Gedenktee begann, kam etwas Wind auf und ganze Wolken von Kirschblütenblättern wehten über die Szenerie, begleitet von den Klängen der *Sho*.

Plötzlich war mein Schmerz wie weggeblasen und ich tauchte ein in eine fremde Welt. Kirschblüten-Schnee… War das alles Wirklichkeit? Träumte ich? Bin ich verzaubert worden?

Inzwischen waren meine Beine völlig eingeschlafen, so dass ich nach Ablauf der Zeremonie eine ganze Weile brauchte, bis ich wieder gehen konnte. Arita-san hatte viel Geduld mit mir, und wir waren die letzten, die den Schrein verließen.

Urasenke

Der zweite Kulturschock ließ nicht lange auf sich warten: Am Tag des Semesterbeginns teilte man mir mit, dass ich der einzige neue nicht-japanische Schüler sei, der in diesem Semester beginnen würde. Glücklicherweise waren die anderen fortgeschrittenen *Midorikai* Jahrgänge – alles junge Amerikaner – zu meiner Unterstützung da.

Später erfuhr ich, dass der neue Jahrgang in Japan immer im April beginnt, während die neuen Schüler aus den USA erst im Herbst beginnen. Ich wurde also zwischen eine Gruppe japanischer Erstsemester gesetzt – natürlich auch wieder im für mich immer noch sehr ungewohnten und schmerzhaften Fersensitz. Ich war der Einzige, der keinen *Kimono* trug, sondern – auf Anraten des Auslandsbüros – westliche Kleidung, also Anzug und Krawatte.

In einer großen, mit Bodenmatten belegten, Halle, mussten wir eine halbe Stunde lang die formelle Begrüßungsformel für den Großmeister üben – 90 Teeschüler und eine größere Anzahl Lehrer riefen die vorgeschriebene japanische Grußformel so lange, bis wir alle absolut einheitlich und perfekt synchron im Chor sprechen konnten. Als dann der Großmeister kam und alle Schüler mit einer Ermutigungsansprache begrüßte, waren meine Beine schon wieder eingeschlafen – wenigstens taten sie dann nicht mehr weh...

Als sich dann der Großmeister zusammen mit den neuen Schülern leichtfüßig erhob, konnte ich nicht aufstehen. Während ich gerade mühsam versuchte, auf die Beine zu kommen, kam der Oiemoto schließlich bei mir vorbei. Er machte es mir leicht, denn er lachte und reichte mir die Hand, bis ich frei stehen konnte und erkundigte sich, ob ich eine gute Reise hatte und gut untergebracht sei. „Alles Gute und viel Erfolg!", wünschte er mir noch...

Da ich als einziger neuer Schüler nicht in eine der bereits fortgeschrittenen Gruppen eingegliedert werden konnte, kam ich ein halbes Jahr lang in den Genuß von Einzelunterricht.

Und da ich auch nicht Japanisch sprach, bekam ich einen wunderbaren Lehrer aus Boston zugeteilt. Über das ganze erste Semester begleitete mich Allen mit seinem fundierten Wissen und einer unglaublichen Geduld.

Es fiel mir nicht leicht, nun fast täglich eine neue Form der unendlich vielen Teezubereitungen zu erlernen. Mir ging das viel zu schnell, denn bevor ich überhaupt eine Form einigermaßen durchführen konnte, kam schon die nächste. „Warum kann ich nicht erst eine Form richtig lernen, bevor ich weitergehe - das ist so verwirrend!“, beschwerte ich mich bei meinem Lehrer Allen. „Darauf kommt es nicht an... der Teeweg ist ein Weg des Zen und ich möchte nicht, dass du dich zu wohl fühlst und dich auf deinen Lorbeeren ausruhen kannst – also, mach weiter!“, war seine Antwort.

Chaji

Inzwischen war ich schon ein halbes Jahr als Stipendiat an der Urasenke-Teeschule, und der Herbst hatte gerade begonnen die ersten Blätter zu verfärben.

„Es ist Zeit für deine erste *Chaji*“, sagte mir mein Lehrer Allen an einem Nachmittag nach meinem täglichen Unterricht. Dass *Chaji* eine formelle Tee-Zusammenkunft ist, wusste ich schon, hatte aber bis dahin weder Unterricht in

Holzkohlezeremonie noch in *Kaiseki,* der traditionellen Teezeremonie-Küche. Ausserdem verfügte ich weder über Teegeräte noch über einen geeigneten Raum, da ich im Schüler-Wohnheim nur ein kleines Zimmer hatte.

„Das macht gar nichts“, erklärte mir mein Lehrer. „Du nimmst meine Räume, und wir suchen zusammen unter meinen Teegeräten das aus, was du verwenden möchtest. Du kannst *Koicha,* dickflüssigen, starken Tee und *Usucha,* leichten, dünnen Tee zubereiten; und sicher kannst du auch ein bisschen kochen – wer sagt denn, dass es unbedingt *Kaiseki* sein muss? Und du kannst sicher auch kleine Holzkohlestücke irgendwie in eine Feuerstelle legen.“

Ohne zu ahnen, was da auf mich zukommt, habe ich sofort begeistert ja gesagt. Ich stellte ein leichtes italienisches Essen zusammen, weil sich das am einfachsten „japanisch“ arrangieren ließ, wählte unter dem reichen Fundus meines Lehrers mit seiner Hilfe die Teegeräte aus und verschickte die Einladungen an meine Gäste.

„Ich werde in der Küche sein, und dir auch helfen, wenn du denkst, dass dies irgendwie nötig sein sollte“, beruhigte mich Allen, als mich dann doch einige Tage vor der Tee-Einladung der Mut verließ.

Einen Tag vor der Einladung rief einer meiner geladenen Gäste an und fragte, ob er seine blinde Freundin mitbringen könnte. „Kein Problem“, sagte ich, während meine japanischen Lehrer nur den Kopf schüttelten und meinten, jemand der blind ist, sollte vielleicht nicht gerade zu einer formellen Tee-Einladung kommen. Nun ja, die Zusage war aber schon gemacht…

Alles war vorbereitet im wunderschönen Haus meines Lehrers, direkt unterhalb der östlichen Berge Kyotos in der Nähe des berühmten Ginkaku-ji. Das Essen servierte ich im Wohnraum an niedrigen Tischen mit westlichem Besteck und italienischem Wein. Das war ja noch alles sehr vertraut. Aber als dann die Gäste – bevor sie zum Tee-Teil der Zusammenkunft in den Teeraum kamen – in der Pause auf der Veranda des Hauses Platz nahmen, wurde ich doch ziemlich nervös, ob ich das alles schaffen würde. Mein Lehrer sagte nur: „Don’t ask – just do it!“

Während ich noch sehr geschäftig den Teeraum vorbereitete, hörte ich von meinen Gästen durch die Schiebetüren Ausrufe des Entzückens und der Bewunderung, und ich fragte mich schon, was da wohl auf der Veranda des Hauses geschehen sein mag.

Nun, als die Gäste dann im Teeraum saßen, bereitete ich den formellen *Koicha* zu, erneuerte anschließend sehr informell die Holzkohle, bevor ich dann mit der Zubereitung des *Usucha* begann.

Und während ich für jeden individuell einen Tee zubereitete, erzählten mir die Gäste, dass genau in dem Moment, als sie auf der Veranda Platz genommen hatten, hoch oben über dem Berg Hiei der volle Herbstmond aufging – riesig und überwältigend. Und die Teeleute mit Erfahrung unter meinen Gästen bewunderten meine Fähigkeiten, die Tee-Einladung so perfekt geplant zu haben, dass der Vollmond genau dann aufgeht, wenn die Gäste zur Pause auf der Veranda sind.

Die Wahrheit ist, ich hatte keine Ahnung; ich war viel zu sehr mit mir selbst und den Vorbereitungen der Tee-Zusammenkunft beschäftigt gewesen, um mich um so etwas wie den Mond zu kümmern.

Und noch etwas war geschehen: Akiko, die blinde Freundin, hatte alle verzaubert. Mein Lehrer Allen, der sich zum *Usucha* zu uns in den Teeraum gesellt hatte, saß, nachdem alle Gäste gegangen waren, auf der Veranda, und Tränen standen in seinen Augen. „Uli-san, ich habe gerade etwas Wundervolles erlebt: Als Akiko, unsere blinde Freundin, beim Betrachten der Teegeräte die Teedose öffnete, die sie ja nur ertasten konnte, und als ihr der Duft des Tees in die Nase stieg, zogen uns ihr plötzlich strahlendes Gesicht und ihr befreiendes Lachen in ihren Bann. Ich danke Dir!"

Und ich denke bis heute oft an diese erste Tee-Einladung, weil ich weiß, dass sie unwiederholbar ist. In meinem Anfängergeist, ohne darüber nachzudenken ob ich etwas kann oder nicht kann, habe ich damals völlig frei und voller Unschuld meine Gäste bewirten können.

Ich habe mich alle die Jahre oft gefragt, was denn das Ziel des Teewegs sei, und ich habe darauf bis heute immer nur eine Antwort: mir den Anfängergeist zu bewahren!

Wenn ich beginne etwas zu erlernen, merke ich ja gar nicht, wie wertvoll und grenzenlos dieser Geist ist; zudem gilt in unserem Kulturkreis „Anfänger“ oft eher als etwas Negatives.

Und beim weiteren Üben, ein, zwei, drei oder mehr Jahre hindurch, war ich – auch wenn ich gewisse Fortschritte machte – „dem Verlust der grenzenlosen Bedeutung des ursprünglichen Geistes“ ausgesetzt, wie es Shunryu Suzuki einmal formuliert hat.

Die Idee, dass ich irgendetwas erreicht hätte, trennt mich von der Unschuld oder auch Demut, die so eng mit dem zweiten Prinzip des Teewegs, *Kei*, verbunden ist. In meinem Ich-Gefühl befangen, verlor ich mit zunehmendem Wissen meinen so wertvollen Anfängergeist.

Wenn ich dieses Ego-Bewusstsein betrachte, gehe ich im Grunde von einer Idee, einem Standpunkt oder einer Überzeugung aus, oder besser: von einem Sammelsurium der Überzeugungen und Erinnerungen.

Ich musste mühsam lernen, dass der Anfängergeist in seiner Unschuld keinen bestimmten Standpunkt vertritt. Er hat keine Ideologie und keine Theologie, er hat weder einen Katalog von Überzeugungen noch einen Katalog von Ideen. Er ist der Einzige auf der Welt, der mit Sicherheit nicht weiß, was vor sich geht.

Wenn ich sage, dass der Anfängergeist nicht weiß, was vor sich geht, meine ich, dass er sich nicht durch das Denken auf die Erfahrung bezieht. Vielmehr umgeht er das Denken zugunsten einer unmittelbaren, völlig ungefilterten Erfahrung. Darum ist er unschuldig.

Ich wusste nicht, dass ich als Anfänger auf dem Teeweg diesen Schatz hüten musste; er ist das Kostbarste, was ich auf dem Teeweg habe.

Ich habe meine Unschuld früh verloren; und die ganzen Jahre danach habe ich sie wieder gesucht – wollte das, was ich bei meiner ersten Tee-Einladung erfahren habe, immer wieder neu erleben.

Vielleicht ist es auch ein Privileg des Alterns, dass ich nun nicht mehr suchen muss: Denn manchmal – in seltenen Augenblicken – bewege ich mich in voller Unschuld als Anfänger im Teeraum...

we sat in a darkened room
watching the light of the full moon
which rose above Daimonji.
we sat and thought of those
who lived by moonlight alone.
with us sat one who lives
by no light at all,
save that which burns within her soul –
and that light, so pure and gentle,
puts even the moon to shame.

Daniel Sogen war einer der Gäste und schrieb dieses Gedicht als Dank für meine erste Tee-Einladung in Japan.

Daishu-in

Einer der Gründe, warum ich mich für das Stipendium nach Japan beworben hatte, war, dass ich auch tiefer in den Geist des Zen eindringen wollte. Wie enttäuscht war ich, als ich feststellen musste, dass an der Teeschule die Lehrer zwar ständig über Zen sprachen, es aber kaum einer wirklich praktizierte. Es gab im obersten Stockwerk des Bürogebäudes einen Tempel, in dessen kleiner Halle wir einmal wöchentlich unter Aufsicht und Führung eines

Priesters *Zazen* übten. Oft saßen wir wesentlich länger als die vorgesehenen 45 Minuten, da Tanihata-Sensei die Zeit meist zu einem kleinen Mittagsschläfchen nutzte und vergaß auf die Uhr zu schauen.

Ich musste mich also selbst darum kümmern, wenn ich ernsthaftes *Zazen* üben wollte. Auf der Suche nach Möglichkeiten wurde mir dann vom Zen-Institut der Hanazono-Universität Daishu-in empfohlen, ein kleiner Untertempel des Ryoan-ji, der durch seinen Steingarten berühmt ist. Als sogenannter Laientempel hatte Daishu-in nur wenige ordinierte Mönche, die dort lebten und arbeiteten. Die Mitglieder kamen in der Regel von ausserhalb nach der Arbeit zum abendlichen *Zazen* oder an den Wochenenden zu den *Sesshin*, den intensiven Trainingstagen.

Der Meister des Tempels, Soko Morinaga-Roshi, nahm mich freundlich auf, obwohl ich nur ganz wenig Japanisch sprach. Und so radelte ich jeden Morgen um halb vier Uhr nach Daishu-in, um dort bis sechs Uhr das morgendliche *Zazen* mitzumachen. Anschließend wurden die Gärten gereinigt, und es gab ein einfaches Frühstück, das aus einer wässrigen Reissuppe und etwas eingelegtem Gemüse bestand.

Das gemeinsame Frühstück in der kleinen Gruppe habe ich immer sehr genossen, denn ich konnte Morinaga-Roshi mit meinen vielen Fragen löchern. Schon seit längerer Zeit war auch eine andere Deutsche in der Gruppe, die fließend Japanisch sprach und dankenswerterweise für mich übersetzte. Ursula hat später viele Schriften von Morinaga-Roshi ins Deutsche übersetzt und lebt heute mit ihrem Mann als Nachfolgerin und Äbtissin im Zweigtempel von Daishu-in in Nordkalifornien.

Um 9 Uhr war ich dann wieder zurück in der Teeschule – gerade rechtzeitig zum Unterricht. Später kaufte ich eine gebrauchte *Super-Cub* von Honda, ein Moped, das vor allem von den zahllosen Nudel-Lieferanten zum Ausfahren benutzt wurde. Der Händler half mir noch, die Fliehkraftgewichte zu entfernen, so dass mein kleines Moped fast verbotene 80 km/h fuhr. Die *Super-Cub* war so genial, dass ich mich nach meiner Rückkehr bei Honda Deutschland erkundigte, wo ich hier eine *Super-Cub* kaufen könnte. Der Honda-Mitarbeiter lachte laut am Telefon und teilte mir mit, dass die *Super-Cub* zwar das meistverkaufte Verkehrsmittel weltweit sei, aber nur im asiatischen Raum verfügbar sei. Ich wollte natürlich wissen, warum: „Weil eine *Super-Cub* nahezu unzerstörbar ist und so gut wie nie kaputt geht“, war die lakonische Antwort. Seit kurzem bietet Honda übrigens eine „geschönte“ Version der *Super-Cub* auch hier in Deutschland zu einem ziemlich hohen Preis an – ob sie immer noch so unverwüstlich ist, weiß ich allerdings nicht.

Rohatsu

Es war inzwischen Dezember geworden, und in Daishu-in stand das jährliche *Rohatsu-Sesshin* an. Dies ist das strengste Meditations-Seminar, das ich kenne, und wird in fast allen Klöstern vom 1. bis 8. Dezember, in der kältesten Jahreszeit, zu Ehren von Buddhas Erwachen durchgeführt. Während dieses *Sesshin* wird nicht gearbeitet, sondern eigentlich „nur“ bis zu 18 Stunden täglich *Zazen* geübt. Da es in dieser Zeit sehr kalt in Kyoto ist, gibt es etwa alle zwei Stunden etwas Warmes zu essen oder trinken, da das Sitzen in der Kälte bei offenen Fenstern und Türen doch recht viel Energie braucht.

Im Auslandsbüro war man gar nicht glücklich, als ich um ein paar Tage Urlaub bat, um im

Daishu-in am *Rohatsu-Sesshin* teilzunehmen. Man machte mir klar, dass man in Japan sich ganz einer Aufgabe widmet und nicht zwei Dinge gleichzeitig macht, dies gilt als grob illoyal. Ich habe mich über die Widerstände hinweggesetzt und mich trotzdem zu diesem strengen *Sesshin* angemeldet. Glücklicherweise haben mich zwei der Gyotei-Sensei, Altmeister, die uns auch täglich unterrichteten, unterstützt: „Du bist auf dem richtigen Weg!“, versicherten sie mir.

In den nächsten Tagen reihten sich Sitzperiode an Sitzperiode, jede etwa 30 Minuten lang. Dazwischen fand *Kinhin* statt, meditatives Gehen, um den Kreislauf wieder zu beleben und die Beine zu lockern. Nachts schlief ich völlig erschöpft die drei Stunden, die als Nachtruhe vorgesehen waren. Ich war noch nicht sehr geübt im langen Sitzen, konnte aber ganz gut mithalten. Aber am dritten Tag ging es mir nicht gut…

Ich hatte, nachdem meine Konzentration langsam besser geworden war und ich klarer auf meine Atmung fokussiert war, plötzlich eine Art Halluzination. Ich sah ganz real Dinge, von denen ich aber verstandesmäßig wusste, dass sie nicht existieren konnten. Beim Gehen und Essen war alles in Ordnung, aber sobald ich wieder in meine Konzentration eintauchte, plagten mich diese Visionen wie eine Art sich ständig wiederholender Horror-Trip.

Ich hatte plötzlich große Angst, dass ich verrückt werden könnte, und wusste nicht, wie ich damit umgehen sollte. Zum Meister konnte ich nicht gehen, denn er sprach nur Japanisch und außerdem sind Fragestunden in einem *Sesshin* nicht vorgesehen. Also nahm ich in einer Toilettenpause Ursula beiseite und fragte sie, was ich tun könnte. Sie herrschte mich an: „Erstens herrscht hier strenges Schweigen und zweitens kümmert sich jeder nur um sich selbst – geh' zurück auf dein Kissen!" Am Abend meldete ich mich dann beim Sitzhallen-Leiter ab, verließ still den Tempel und schlich ziemlich beschämt nach Hause.

Später, als ich dann Vollzeit im Kloster Tenryu-ji als Mönch übte, habe ich Ursulas barsche, aber völlig richtige, Reaktion auf meine Frage verstanden und habe dort dann auch gelernt mit den *Makyo* – diesen Erscheinungen oder Halluzinationen – umzugehen.

Nach dem *Rohatsu-Sesshin* ging ich wieder zu meinem täglichen Morgen- und Abendzazen nach Daishu-in. Und beim gemeinsamen Frühstück konnte ich dann endlich Morinaga-Roshi erklären, warum ich das *Sesshin* so frühzeitig abgebrochen hatte. Seine klare Antwort hat mich dann doch wieder etwas aufgebaut: „Du konntest ja während des *Sesshin* nicht auf meine Hilfe hoffen und hast vollkommen richtig gehandelt, weil du dich auf dein Gefühl und deinen gesunden Menschenverstand verlassen hast. So bist du geistig und körperlich gesund geblieben, und das ist das Wichtigste!“

Kosho-ji

Mein erstes Jahr an der Teeschule ging langsam dem Ende entgegen, und ich hatte das Gefühl, dass ich noch nicht allzu viel über den Teeweg wusste, und zum Entsetzen meiner Familie zu Hause, entschied ich mich zu bleiben, um in *Midorikai* die ganze dreijährige Ausbildung zu absolvieren.

Zuerst musste ich mir eine neue Bleibe suchen, denn das Wohnheim war nur den Stipendiaten im ersten Jahr vorbehalten. Ich wohnte zunächst in einem kleinen Tempel, ganz in der Nähe von Urasenke, Kosho-ji, bei den Einheimischen meist Oribe-dera genannt, da sich dort das Grab von Furuta Oribe (1544–1615) befindet, einem Fürsten und Zeitgenossen von Sen Rikyu, dem Vollender des Teewegs.

Im Tempel Kosho-ji erlebte ich auch meine erste Begegnung mit *Ikebana*.

Jeden Morgen stand ich fasziniert vor dem Blumengesteck in der Eingangshalle und fragte mich, was mich daran nur so fesselte. Die alte Köchin des Tempels, Tanaka-san, arrangierte die Blumen jeden Morgen neu, aber sie erlaubte mir nicht, ihr dabei zuzuschauen. Eines Tages bat sie mich, die Blumen in der Eingangshalle zu entfernen und die Vase auszuspülen, damit sie ein neues Gesteck anfertigen konnte.

Am nächsten Morgen, als ich gerade Blätter im Garten zusammenfegte, sah ich zufällig, wie Tanaka-san im Hof den Müllbehälter auf ausgelegte Zeitungen auskippte. Ich wunderte mich, weil sie im Abfall kramte: So arm konnte sie doch wohl nicht sein, dass sie dort irgendwelche Reste suchte? Plötzlich sah ich, dass sie die von mir achtlos weggeworfenen Blumen aus dem Abfall kramte und die gebrochenen Stängel und Blüten sorgfältig zur Seite legte. Sie trug sie vorsichtig in die Ecke des Gartens, legte sie dort in ein ausgehobenes Loch, in dem schon andere Blumen lagen und verbeugte sich tief mit zusammengelegten Handflächen. Wie beschämt war ich! Gar nichts hatte ich gelernt durch mein *Zazen*!

Tanaka-san erwähnte diesen Vorfall mit keinem Wort. Bevor ich den Tempel Monate später verließ, verabschiedete ich mich von ihr und erzählte ihr nochmals die Lektion, die sie mich gelehrt hatte.

„Ja, ja, ich habe Dich gesehen, als ich die Blumen beerdigt habe – du hast gelernt, ich habe dich beobachtet, warum also ein Wort drüber verlieren." Sie zögerte kurz und sagte noch: „Warte einen Moment, ich will nur etwas holen." Und sie kam mit einem Knäuel Zeitungen zurück in dem etwas eingepackt war, übergab es mir und verabschiedete sich. Später fand ich darin eine alte Teeschale, die ich zu meinen anderen Teegeräten tat.

Jahre später, als ich auf dem Teeweg schon etwas fortgeschrittener war, hatte ich einige

Teelehrer zu Gast und bereitete Tee in Tanaka-sans alter Schale zu. Der eine Lehrer nahm die Schale in die Hand. Ein Geflüster unter den Gästen begann plötzlich, und der erste Gast fragte mich, woher ich eine solche Schale hätte. Ich erzählte die Geschichte und der Tee-Meister erklärte mir, dass dies eine alte und sehr seltene weiße Oribe-Teeschale von großem Wert sei. Tage später wollte ich Tanaka-san die Schale zurückgeben, weil ich fand, dass sie viel zu wertvoll für mich sei. Tanaka-san war inzwischen gestorben, aber der Abt kannte die Schale und sagte, dass Tanaka-san ihm erzählt hätte, dass ich diese Schale haben müsste. Und so habe ich sie noch heute...

Shinnyo-ji

Eine meiner japanischen Mitschülerinnen erzählte mir – als sie hörte, dass ich in einem Tempel wohnte – dass sie eine Amerikanerin kenne, die in einem Teehaus ganz in der Nähe der Ritsumeikan-Universität wohnt. Sie würde demnächst nach Hause zurückkehren, und das Teehaus, in dem sie dort lebt, wäre doch etwas für mich.

Eines Morgens fuhr ich mit dem Bus zur Universität und fand, in einer kleinen Seitenstraße versteckt, den Tempel Shinnyo-ji. Ich stellte mich beim Abt vor und fragte, ob ich als Nachmieter in das kleine Teehaus einziehen dürfte. „Nein“, entgegnete er, „ich will das Teehaus nicht mehr vermieten, es ist schon alt und ziemlich heruntergekommen.“ Ich fragte ihn, ob ich das Teehaus wenigstens einmal sehen dürfte, und recht widerwillig führte er mich in den hinteren Teil des Tempels. Dort gab es einen wunderbar angelegten alten Teegarten mit einem kleinen Teehaus neben einem Teich – ich war sprachlos. Er öffnete die Papierschiebetüren und mein Blick fiel in einen traditionellen Raum mit viereinhalb Matten, perfekt für Tee. Dahinter befand sich die *Mizuya*, ein kleiner Vorbereitungsraum mit fließendem Wasser in der Größe von drei Matten.

Der Abt merkte wohl, dass ich etwas mit Tee zu tun hatte, denn er beobachtete mich genau, wie ich mich im Teeraum bewegte und wie ich die Türen öffnete und schloss. „Ja, ich lerne bei Urasenke und will in Kürze mein drittes Lehrjahr beginnen“, erläuterte ich.

Leider war der Abt nicht umzustimmen, und so zog ich unverrichteter Dinge wieder ab. Allerdings ging mir in den nächsten Wochen der Tempel Shinnyo-ji nicht aus dem Kopf. Dort gab es nicht nur ein Teehaus mit Garten, sondern der Tempel lag auch nur wenige Minuten von meinem Übungstempel Daishu-in entfernt. Ich müsste dann nicht mehr so früh aufstehen, um dorthin zu fahren, kam mir in den Sinn…

Etwa zwei Wochen später, nach dem morgendlichen *Zazen* im Daishu-in, machte ich mich nochmals zum Shinnyo-ji auf.

Dieses Mal lud mich die Frau des Abtes ein hereinzukommen und Platz zu nehmen. Nachdem ich einen Tee getrunken hatte, kam auch der Abt hinzu. Er bemerkte, dass ich wohl ziemlich hartnäckig sei, und er versuchte mir die Nachteile des Teehauses nochmals aufzuzählen: Eine Toilette gibt es nur im Haupttempelgebäude, durch den Teegarten getrennt, und ich müsste das öffentliche Bad in der Nachbarschaft benutzen. All das konnte mich aber nicht abschrecken, und nach längerem hin und her willigte der Abt schließlich ein, mich als Mieter aufzunehmen.

Ein paar Wochen später bezog ich also mein kleines Teehaus und begann mit dem Reinigen des Gartens – da hatte ich ja inzwischen genügend Übung und wusste, wie man mit dem zarten Moos und den vielen Ahornblättern umgeht. Den Abt sah ich nur selten und wenn, dann war er meist eher abweisend und mürrisch.

Es geht weiter

Und noch ein Problem tauchte auf: Das Stipendium, das Unterkunft, Verpflegung, Unterricht und ein recht großzügiges Taschengeld einschloss, war von Oiemoto großzügigerweise schon einmal für mich verlängert worden und lief nun aus. Danach erwartete man von den ausländischen Schülern, dass sie sich selbst um Wohnraum und eine Arbeit kümmerten; dafür mussten sie dann auch nur noch drei Tage in der Woche in der Schule anwesend sein.

Ich wollte aber weiterhin täglich am Unterricht teilnehmen und meine Zenübung fortsetzten, was keine Zeit für eine zusätzliche Arbeit ließ. Im Büro machte man mir wenig Hoffnung, gab mir aber den Rat, dem Großmeister noch einmal direkt zu schreiben. Die nächsten Tage wartete ich ungeduldig auf Antwort. Und schließlich lud man mich zu einem Gespräch mit Naya-san, dem Bruder des Oiemoto, ein. Naya-san war ein freundlicher Herr den ich nur von den monatlichen Treffen kannte, bei denen er uns die Umschläge mit dem Taschengeld, das Bestandteil unseres Stipendiums war, überreichte.

Oiemoto hätte mit ihm gesprochen, erläuterte er, und da ich bis jetzt ein guter Schüler gewesen sei, würde Oiemoto mich auch weiterhin mit dem vollen Stipendium unterstützen.

Das war weit mehr, als ich mir gewünscht hatte, und ich bin bis heute unendlich dankbar, dass Oiemoto mir die Fortsetzung meines Weges ermöglichte. Er hat mich über die dreijährige formelle Ausbildung hinaus sogar noch zwei weitere Jahre in meiner Ausbildung unterstützt, was durchaus keine Selbstverständlichkeit war.

Eine Schale Tee

Im Shinnyo-ji wohnte ich nun in dem kleinen Häuschen. Es dauerte eine Weile, bis ich den Teeraum mit seinen viereinhalb Matten wieder soweit hergestellt hatte, dass ich ihn für Tee-Einladungen nutzen konnte. Der kleine Vorbereitungsraum, drei Matten groß, war inzwischen mein Ess- Wohn- und Schlafraum – klein aber fein!

An den Sonntagen, an denen ich nicht als Helfer in der Teeschule eingespannt war, habe ich oft gegen zehn Uhr das Eingangstor zum Teegarten geöffnet und ein Schild aufgehängt mit der Einladung einzutreten und eine Schale Tee zu trinken.

Immer wieder kamen japanische Touristen auf dem Weg zum berühmten Tempel Ryoan-ji vorbei, nahmen in meinem Teehaus Platz, und ich bereitete ihnen eine Schale Tee zu. Meist waren die Gäste sehr erstaunt mich als Gastgeber vorzufinden, denn einen Ausländer, der in Kyoto den Teeweg erlernt, hatten sie noch nie getroffen. Wobei ich gelegentlich auch Verwirrung stiftete, denn die Gäste wollten danach für den Tee und die Süßigkeiten bezahlen, so wie es in den Tempeln üblich war, was ich aber immer dankend ablehnte.

Der Abt von Shinnyo-ji, der mir gegenüber ja immer sehr wortkarg und eher mürrisch auftrat, hörte wohl von Besuchern, dass ich in seinem Teehaus für jeden, der eintrat, Tee servierte. Und irgendwie muss das den Abt doch beeindruckt haben, denn eines Tages klopfte er an meine Tür und bat mich ihn ins Hauptgebäude zu begleiten. Dort führte er mich in einen langen Korridor, zog einen schweren Vorhang ganz zur Seite, und was kam zum Vorschein? Regale bis zur Decke gefüllt mit unzähligen Teegeräten. „Hier“, sagte er, „das alles kannst Du benutzen, wenn Du möchtest!“ Da war ich dann doch ziemlich sprachlos...

Nach und nach erforschte ich dieses Regal mit all seinen Schätzen, und von da an kam der Abt mit seiner Familie auch öfter zum Tee zu mir. Er schien sich sehr zu freuen, dass ich die zum Teil doch sehr alten Teeuntensilien wiederbelebt hatte und bei meinen Tee-Einladungen verwendete.

An einige der Einladungen kann ich mich noch gut erinnern. Einmal hatte ich eine meiner Lehrerinnen der Teeschule, zusammen mit Freunden, eingeladen. Während der Teezubereitung machte ich wohl nicht alles richtig, und sie begann mich zu unterrichten. Ich fand das etwas befremdlich, denn die Lehrer legten sonst großen Wert darauf, den Unterschied zwischen Unterricht und einer Einladung deutlich herauszustellen: „Bei einer Tee-Einladung gibt es keine Fehler – man bereitet einfach mit ganzem Herzen eine Schale Tee zu, und die Gäste nehmen sie mit ganzem Herzen dankbar an – das ist alles!“

Am nächsten Tag sprach ich nach dem Unterricht meinen Lehrer, einen der Altmeister, darauf an. Er war doch recht erstaunt, schwieg eine Weile, brummelte etwas vor sich hin und sagte schließlich: „Never invite her again!“

Ich habe danach noch sehr oft Lehrer eingeladen; sie alle waren wunderbare Gäste, die sich ganz entspannen und den Tee genießen konnten, völlig unabhängig davon, ob ich alles richtig oder etwas falsch machte. Tatsächlich ist es bis heute so, dass man als Lehrer relativ selten zu einem Tee eingeladen wird; umso mehr freut man sich über diese raren Gelegenheiten und genießt sie von ganzem Herzen.

Einmal hatte ich eine besondere Runde als Gäste in meinem Teeraum: die Direktorin der Auslandsabteilung und drei sehr erfahrene Gyotei-Sensei. Es war eine abendliche Tee-

Zusammenkunft im Herbst. Der Garten zeigte sich in den herrlichsten Farben, und ich hatte schon am Vortag viel Zeit mit dem Reinigen der Gartenpfade und den ausgedehnten Moosflächen verbracht. Meine Idee war, dass die Gäste noch bei Tageslicht eintreffen und sich dann in der Dunkelheit wieder auf den Heimweg machen. Dabei wollte ich den Gartenpfad ganz mit Kerzen beleuchten und baute mir selbst kleine Papierlaternen, die ich mit Teelichtern bestückte.

Am Ende jeder formellen Tee-Einladung betrachten die Gäste die verwendeten Teegeräte. Während dieser relativ kurzen Zeit verlässt der Gastgeber das Teehaus um den Gartenpfad mit Wasser zu besprengen, um den Gästen auf dem Heimweg ein Gefühl der Frische und Reinheit zu vermitteln. Und ich musste natürlich auch die Kerzen anzünden. Ich hatte aber überhaupt nicht bedacht, dass dies eine ziemlich lange Zeit in Anspruch nehmen würde, denn ich hatte, den ganzen Gartenpfad entlang, etwa 30 Laternen geplant.

Nach dem Anzünden von erst wenigen Kerzen in den kleinen Laternen erinnerte ich mich daran, dass die Gäste im Teehaus schon längst mit dem Betrachten der Teegeräte fertig sein mussten und auf mich warteten. Ich flitzte also zurück ins Teehaus, öffnete die Tür und sagte etwas ausser Atem: „Sorry, I'll be back in a minute!" Türe zu und schnell wieder hinaus. Meine Lehrer erzählten mir am nächsten Tag, dass sie sich sehr gewundert und amüsiert hätten, was ich da wohl so lange im Garten tun würde. Schließlich kam ich ziemlich verspätet wieder ins Teehaus zurück, beantwortete die Fragen nach den Teegeräten, die ich für diese Gelegenheit ausgewählt hatte, und verabschiedete meine Gäste.

Kaum hatten die Gäste das Teehaus verlassen, hörte ich durch die Papierschiebetür lauter Überraschungsrufe. Natürlich war ihnen sofort klar, warum ich so lange gebraucht hatte. Und: Die Überraschung war gelungen...

Im Dezember hatte ich die Idee, eine Tee-Einladung zu Ehren von Buddhas Erleuchtungstag am 8. Dezember durchzuführen. Dieser Tag bedeutet in den Klöstern traditionell nicht nur das Ende des strengen *Rohatsu-Sesshin*, sondern wird auch im Tee gefeiert. Im Kloster ist das *Rohatsu-Sesshin* morgens um drei oder vier Uhr zu Ende. Und so lud ich meine Gäste – darunter alle meine Lehrer und Mitschüler – für vier Uhr früh in mein kleines Teehaus ein. Da es sehr kalt war, erlaubte mir der Abt von Shinnyo-ji einen der Tempelräume, der an meinen Garten grenzte, zu heizen und als Warteraum für die Gäste zu nutzen. Um diese morgendliche Zeit gibt es bei einer informellen Tee-Einladung, *Chakai* genannt, natürlich kein formelles Essen, sondern *Senzai*, eine warme Süßigkeit mit Azukibohnen und *Mochi*, gerösteten Klebreisstückchen.

Ich machte mir keine allzu großen Gedanken um die doch recht hohe Zahl an Gästen, die ich eingeladen hatte, weil ich dachte, dass zu dieser frühen Tageszeit und in der Dunkelheit sowieso kaum jemand kommen würde.

Wie hatte ich mich geirrt – sie kamen alle! Glücklicherweise auch einige meiner Mitschüler, die mir dann spontan geholfen haben, die Gäste im Warteraum zu unterhalten und die Süßigkeiten zu servieren.

In dem kleinen Teeraum mit viereinhalb Matten war ja immer nur Platz für fünf bis sieben Personen. Nach jedem Tee gab es eine kurze Pause zur erneuten Vorbereitung für die nächsten Gäste. So wurde es schon hell, bis schließlich die letzten Gäste nach Hause gingen.

Meine spontanen Helfer und ich waren total erschöpft, aber auch wunderbar zufrieden und bei bester Laune.

Da ich nun schon in diesem kleinen und alten Teehäuschen wohnte und den herrlichen Garten zur Verfügung hatte, machte ich es mir zur Gewohnheit, über ein Jahr lang jeden Monat mindestens eine *Chaji* durchzuführen. Aus Kostengründen nicht immer mit *Kaiseki*, dem formellen und aufwändigen Teemahl, sondern eher mit einem kleinen Imbiss, dem *Tenshin*.

Da ich in meinem kleinen Vorbereitungsraum nicht richtig kochen konnte, und die Tempelküche im Nachbargebäude der Abtfamilie vorbehalten war, musste ich eine andere Lösung finden. Zufällig habe ich bei einem meiner Einkaufsgänge in der Nähe ein winziges Kaiseki-Restaurant entdeckt, ziemlich versteckt in einer engen Seitenstraße. Das Restaurant wurde von einem Paar geleitet, die beide Teezeremonie bei einer anderen Schule gelernt und gewissermaßen ihr Hobby der Haute Cuisine Japans zu ihrem Beruf gemacht hatten.

Eines Mittags sprach ich im Restaurant vor und machte eine Reservierung für den Abend. Es gab dort nur fünf Tische, und die waren jeden Abend belegt. Die beiden Besitzer waren etwas erstaunt, dass sich ein Ausländer in ihr Restaurant verirrt, reservierten mir aber dennoch einen Tisch.

Das Essen war vorzüglich – nicht zu aufwändig, aber von ausgesuchter Qualität und ausschließlich mit regionalen und saisonalen Zutaten gekocht. Heute würde man sagen: „alles Bio".

Der Mann übernahm das Servieren, und seine Frau kochte. Und es war auch die Frau, die nach dem Essen an meinen Tisch kam und wissen wollte, wie ich ihr kleines Restaurant gefunden hatte. Ich erzählte ihnen, dass ich in dem kleinen Teehaus im Shinnyo-ji ganz in ihrer Nachbarschaft wohnte und bei Urasenke lernte.

Ja, sie hatten schon gehört, dass da ein *Gaijin*, ein Ausländer, wohnt und gelegentlich das Gartentor öffnet und den Gästen Tee zubereitet. Und ich schilderte ihnen mein Problem, dass ich in der *Mizuya*, dem Vorbereitungsraum meines Teehauses, nicht kochen konnte. Ich fragte, ob sie eventuell bereit wären, mir einmal im Monat ein vereinfachtes *Kaiseki* zu kochen, was ich dann bei ihnen abholen würde. Es wäre ihnen eine große Freude und Ehre, wenn ich ihr *Kaiseki* meinen Gästen servieren würde, meinten sie beide.

Und so kamen meine Gäste in den Genuss von köstlichem Essen, auch wenn ich es nicht selbst gekocht hatte. Und die beiden Restaurant-Inhaber wurden innerhalb eines Jahres zu Freunden, die auch oft spontan zu einem Tee vorbeikamen.

Als ich Shinnyo-ji verließ, um ins Kloster Tenryu-ji überzusiedeln, war dies ein trauriger Abschied. Und nach mir gab es im Teehaus keinen Nachmieter mehr. Das ziemlich verfallene Teehaus aus der Zeit von Kobori Enshu (1579–1647) wurde wenig später dem Erdboden gleichgemacht. Eine Renovierung oder ein Neuaufbau wären in der traditionellen Bauweise viel zu teuer geworden, denn in Japan bekommen die Tempel keine staatliche Förderung für die Instandhaltung ihrer Gebäude. Sie müssen alles selbst finanzieren, und dies gelingt nur größeren Tempeln mit vielen zahlenden Besuchern.

Der kleine Teich wurde zugeschüttet, und der Teegarten musste einem Parkplatz weichen, notwendig für die neuen studentischen Wohncontainer für die benachbarte Ritsumeikan-Universität.

Bei einem späteren Besuch beim Abt zeigte ich wenig Verständnis für das Verschwinden des Teehauses und dem Garten. Aber der Tempel war arm, und die Umwandlung in Wohnraum für die Studenten garantierte dem Tempel wenigstens das finanzielle Überleben.

Wie viele wunderbare Tee-Einladungen hatte ich gemacht und wie viele Freunde habe ich dort bewirtet – und nun ist alles verschwunden.

Eine harte Erfahrung und Lehre des Loslassens…

Chazen-ichimi

Mitten in meinem dritten Lehrjahr ging ich eines Tages durch den Garten der Teeschule, als mir plötzlich Oiemoto, der Großmeister, gegenüberstand. Die meisten meiner japanischen Mitschüler flüchteten, wenn sie ihn schon von weitem sahen, aus Ehrfurcht oder Scheu. Ich suchte bei diesen seltenen Gelegenheiten immer das Gespräch mit ihm, und wann immer ich ihn traf, waren diese kurzen Begegnungen mit dem charismatischen Mann doch immer erfreulich und lehrreich.

Er legte seinen Arm um meine Schultern und schlenderte mit mir durch den Garten, während er sich nach meinem Befinden erkundigte. Plötzlich stoppte er, schaute mich sehr ernst an und sagte: „Du solltest Dich jetzt ganz auf Dein Teestudium konzentrieren; vergiss das Zen, nur der Tee ist jetzt wichtig!“

Ausgerechnet der Großmeister, der bei jeder Monatsansprache darüber referierte wie nah sich Tee und Zen sind, und wie er selbst unter dem berühmten Meister Zuigan-Roshi im Kloster Daitokuji sein Zen-Training absolviert hatte.

Chazen-ichimi, „der Geschmack von Tee und Zen ist gleich".

Ich war sprachlos; eine Welt brach für mich zusammen. Ich hatte tatsächlich geglaubt, mit meinem nur scheinbar zweigleisigen Weg von Tee- und Zenstudium auf dem richtigen Weg zu sein. Ich war plötzlich um eine Illusion ärmer geworden und ziemlich verstört.

In meiner Ratlosigkeit suchte ich einen meiner Gyotei-Teelehrer auf und erzählte ihm von meinem Zweispalt. Er hörte sich alles, was ich ihm schilderte, ganz ruhig und geduldig an und sagte: „Jetzt trinken wir eine Schale Tee!"

Danach saßen wir eine ganze Weile still beisammen und erst bevor ich ging, sagte er mir ganz ruhig: „Lass dich nicht beirren; du wirst immer wieder auf diese Art Widerstände treffen. Du musst aber auch wissen, dass du auf dem rechten Weg bist – nur Mut!"

Etwas beruhigt setzte ich also meine Tee- und Zenübungen fort.

Okusama

Ich weiß bis heute nicht warum die meisten Ausländer, wenn sie länger in Japan wohnten, mindestens einmal ernsthaft krank werden. Auch mich erwischte es – ausgerechnet im Spätsommer, in der größten Hitze. Zunächst hatte ich grippe-ähnliche Symptome, aber dann kamen extremer Durchfall und Übelkeit hinzu. Ich lag also ziemlich k. o. auf dem *Futon* in meinem kleinen Zimmerchen und wechselte zweimal täglich meinen völlig durchgeschwitzten Pyjama. Sen Tomiko, die Frau des Großmeisters, hatte sich wohl gewundert, dass sie mich eine Zeitlang nicht in der Schule gesehen hatte und erkundigte sich im Büro nach mir. Dort erzählte man ihr, dass ich schon einige Zeit krank sei.

Am nächsten Tag klingelte es an meiner Tür, aber ich war zu schwach, um aufzustehen. O-kusama, so nannten wir Oiemotos Frau Tomiko, holte den Sicherheitsdienst und ließ sich aufschließen. Sie war ziemlich erschrocken, mich so vorzufinden und versprach Hilfe. Bereits am Nachmittag kam Oiemotos privater Arzt und untersuchte mich. In Japan ist es nicht üblich, dass die Ärzte Hausbesuche machen, sondern man wird gleich in ein Krankenhaus eingeliefert.

Über die nächsten Tage kam der Arzt täglich, verabreichte mir Infusionen und verschiedene Medizin, und so ganz langsam kam ich wieder auf die Beine. Ich kann kaum schildern, wie dankbar ich Okusama war, dass sie sich so um mich gekümmert hat und mir vielleicht sogar mein Leben gerettet hat.

Bei einer späteren Gelegenheit erzählte mir Oiemoto einmal, dass seine Frau in ihrer Jugend schwer erkrankt war. Sie wurde damals im Universitätskrankenhaus der christlichen Sophia-Universität in Tokyo behandelt und war sehr beeindruckt von der Hingabe der Nonnen, die sie pflegten. Sie schwor sich damals, dass sie zum Christentum konvertieren würde, falls die Ärzte und Nonnen ihr Leben retten würden.

Sie wurde wieder gesund und trat zum Christentum über. In Urasenke war vor allem sie es, die sich immer rührend um uns Ausländer gekümmert hat, und ihr früher Tod war für uns alle ein großer Verlust.

Konnichi-an

Konnichi-an ist der Name für den gesamten traditionellen Teehauskomplex der Urasenke, in dem Oiemoto mit seiner Familie lebt. Dort sind die Teeräume, von denen der kleinste, Konnichi-an, nur einer von vielen ist. Der ganze Komplex ist ein wahres Labyrinth, was ich bei meinen vielen Besuchen dort nie ganz erkunden konnte.

Als graduierter Schüler erhielt ich eines Tages die Aufgabe nun jeden Morgen den jungen Mizuya-Sensei zu helfen die traditionellen Räume rund um Konnichi-an zu reinigen. Mizuya-Sensei sind junge japanische graduierte Schüler, die bereit sind, ihr ganzes Leben dem Tee zu widmen, und meist stammen sie auch aus Teefamilien. Dafür leben sie in den traditionellen Räumlichkeiten und sind Teil der Familie des Großmeisters. Nach etwa 10 bis 15 Jahren werden sie dann Gyotei-Sensei, was ich gern mit „Altmeister" übersetze. Sie sind dann direkt Oiemoto unterstellt, lehren in seinem Auftrag und sind seine Assistenten.

Am Tag, als ich beginnen sollte, fand ich mich also um halb fünf Uhr morgens in Konnichi-an ein. Ich wollte niemand stören und schlich mich durch den Kücheneingang hinein. Kein Mensch war zu sehen, und ich lief etwas verwirrt durch die vielen Räume, in manchen war ich noch nie gewesen. Eigentlich sollte mich ja jemand von den Mizuya-Sensei anleiten, aber ich konnte niemanden finden.

Plötzlich öffnete sich direkt neben mir eine Schiebetür, und heraus trat Okusama im Bademantel und mit Lockenwickler im Haar. Ich bin furchtbar erschrocken, und es war mir sehr peinlich, dass ich wohl im Wohnquartier des Großmeisters gelandet war.

Okusama war genauso erstaunt wie ich, musste aber dann doch lachen, als ich ihr erzählte, dass ich hier putzen sollte, aber niemanden gefunden hatte, der mich anleitet.

Sie nahm mich dann an die Hand und führte mich im Morgenmantel durch das Gänge-Labyrinth bis zu einer Papierschiebetür, die sie öffnete. Da saßen die Mizuya-Sensei alle und frühstückten…

Es ist schon ziemlich viel Arbeit, jeden Morgen alle *Tatami* der vielen Räume zu säubern, die Holzkohle für den Tag vorzubereiten und die Blumen und Schriftrollen für die verschiedenen Bildnischen auszuwählen und zu arrangieren.

Punkt sechs Uhr kam immer Oiemoto und begab sich in den kleinen Raum ganz am Ende eines langen Korridors, um dort im Familienschrein Sutren zu rezitieren und Tee für seine Vorfahren zuzubereiten. Ich versuchte immer in dieser Zeit beim Putzen gerade dort in der Nähe zu sein. Und meist kam Oiemoto ganz pünktlich, sah mich die *Tatami* putzen und wechselte gut gelaunt ein paar Worte mit mir. Und ich genoss es, ihm durch die Schiebetür zuzuhören, wie er im Gedenkraum das *Hanya-Shingyo* rezitierte und den Tee zubereitete.

Eines Morgens konnte ich die Mizuya-Sensei nirgends finden, auch nicht in ihrem Frühstücksraum. Ich stand also eine halbe Stunde im Korridor und wartete. Niemand kam, also ging ich wieder nach Hause, denn es war noch zu früh, um etwas anderes anzufangen. Am nächsten Tag das gleiche Spiel.

Am übernächsten Tag war alles wieder wie üblich. Als ich die Mizuya-Sensei fragte, warum die letzten beiden Tage nicht gereinigt worden sei, sagten sie mir. „Oh, der Oiemoto war nicht da – er war verreist“. Ich fand das eher amüsant: Kaum ist die Katze aus dem Haus, tanzen die Mäuse!

Es menschelt eben überall…

Hamamoto-Sensei

Hamamoto Soshun wurde 1901 in der Präfektur Hyogo geboren. Sie war schon ausgebildete Journalistin, bevor sie zu Urasenke kam. Mit dem Beginn des Krieges 1936, wurden alle Gyotei-Lehrer angewiesen, Urasenke zu verlassen. Nur Tantansai, der Vater des Großmeisters, blieb. In dieser Zeit erhielt Hamamoto Soshun den Gyotei-Titel, die erste Frau, die je in der Geschichte des Teewegs in einen solch hohen Rang erhoben wurde. Seit Anfang der Meiji-Zeit, waren Frauen nur mit den Bereichen *Jitsu* oder *Keiko*, das heißt Übung, befasst. Die Bereiche *Do*, Weg und *Gaku*, Lehre, waren ausschließlich Männern vorbehalten.

Unter Hamamoto Soshun hat sich dies geändert, und vielleicht war das ihr größter Verdienst auf dem Teeweg. Wohl aus diesem Grund erhielt sie 1971 auch den Orden *Fifth Order of the Sacred Treasure* von Kaiser Hirohito persönlich überreicht.

Hamamoto Soshun verstarb am 28. März 1986, dem Tag der 395. Gedenkfeier zum Tod von Sen Rikyu.

Auch mich verbindet mit Hamamoto-Sensei ein unsichtbares Band, da meine Abschlussklasse in Urasenke die letzte war, die sie als Leiterin der Schule vor ihrem Tod betreut hat. Sie fehlte bei keiner der monatlichen Begrüßungszeremonien von Oiemoto und den mehrmals jährlich stattfindenden Gedenktagen und Festlichkeiten. Auch wenn sie uns Anfänger nie selbst unterrichtete, erinnere ich mich noch gut an ihre strenge Stimme und die Dominanz ihrer Persönlichkeit, der sich niemand entziehen konnte. Ich bin mir fast sicher, dass sie bewusst bis zu Rikyus Todestag lebte, um sich schließlich mit dem zu vereinigen, dem sie ihr ganzes Leben gewidmet hatte.

Ich kann mich auch noch gut an den Tag unserer Abschlussfeier erinnern, bei der auch ich, als einziger Ausländer, von Oiemoto mein Abschlusszeugnis ausgehändigt bekam. Danach bereiteten die Gyotei-Sensei im Teeraum für uns *Koicha* zu, den wir alle teilten.

Nach dem Tee wollten wir den Raum gerade verlassen, als Hamamoto-Sensei eintrat. Sie war schwer auf einen Stock gestützt, der unten eine breite Gummikappe trug, die es ihr ermöglichte, damit auch auf *Tatami* ohne fremde Hilfe zu gehen. Schon seit einiger Zeit konnte sie nicht mehr allein aufstehen und hatte Gehbeschwerden.

Ohne ein Wort zu sprechen ging sie langsam die Reihe Schüler entlang, jeden von uns genau betrachtend. Schließlich stellte sie sich in die Mitte des Raumes, und sprach mit kräftiger Stimme:

> *„Dies wird wohl die letzte Abschlussklasse sein, die ich verabschiede. Viele Jahre hindurch stand ich hier, aber dieses Mal ist es anders – es ist ein Abschied für uns beide. Und es ist ein neuer Anfang! Denkt an meine Worte und gebt euch keinen Illusionen hin: Ihr steht erst ganz am Anfang des Weges. Wenn ihr nun hinaustretet, beginnt euer Weg erst. Und wenn ihr einmal so alt*

seid wie ich, habt ihr vielleicht einen kleinen Teil des Weges zurückgelegt."

Hamamoto-Sensei nahm ihren Gang durch den Raum wieder auf:

„Wenn ihr glaubt, dass ihr nun irgendetwas erreicht oder etwas Besonderes gelernt hättet, seid ihr im Irrtum. Ruht euch also nicht auf euren Lorbeeren aus! Seid wachsam und bereit allem entgegenzutreten, was euch vom eingeschlagenen Weg abbringen könnte! Nun seid ihr auf euch allein gestellt – macht also das Beste daraus!"

Und sie fuhr mit leiser Stimme fort:

„Es ist gut, euch hier sitzen zu sehen – mit leuchtenden Augen. Und ich bin dankbar, dass ich heute hier sein kann. Ich wünsche euch alles Gute, und gebt gut acht auf euch."

Ich habe diese Worte nie vergessen, und nach der Feier in mein Tagebuch notiert. Wie bei vielen anderen auch, hat Hamamoto-Sensei auch bei mir einen tiefen und bleibenden Eindruck hinterlassen.

Chamei

Als ich aber dann einige Jahre später vom Großmeister persönlich meinen Tee-Namen überreicht bekam, war ich etwas überrascht. Ich wurde von ihm in den sehr kleinen Familien-Gedenkraum gebeten, der *Rikyu-Onsodo,* der kaum drei Matten groß ist. Im Dämmerlicht, zusammen mit dem Oiemoto in dem kleinen Raum, war dies ein sehr intimer Augenblick. „Schau", sagte er, „hier steht die Statue von Rikyu; du kannst sie nur ahnen, da es so dunkel in der Nische ist. Und davor steht eine Schale Tee, die ich jeden Morgen hier für meinen Vater und alle Generationen davor zubereite. Daneben liegt eine aufgeschlagene Bibel, denn meine Frau Tomiko ist, wie du ja weißt, Christin. Du hast nun viele Jahre bei mir gelernt, und wenn du später in deine Heimat zurückkehrst, möchte ich, dass du dort den Teeweg verbreitest. Du hast ja auch intensiv *Zazen* geübt, mein Freund Morinaga-Roshi hat mir davon berichtet. Und deshalb möchte ich dir nun deinen *Chamei* überreichen, einen Teenamen, der tief im Zen verwurzelt ist."

Und er fuhr fort: „Der Name kommt aus dem *Hekiganroku*, der ‚Niederschrift auf der Smaragdenen Felswand'. In dieser *Koan*-Sammlung wird im ersten Fall von einer Begegnung zwischen Bodhidharma und dem legendären Kaiser Wu berichtet. Du kennst aus Deinem Zen-Studium sicher den genauen Wortlaut. Dort fragte Kaiser Wu den Bodhidharma, was denn der höchste Sinn der Heiligen Wahrheit sei. Und Bodhidharma antwortete: *Offene Weite, nichts von Heilig*. Der Kaiser wunderte sich über diese Antwort und wollte Bodhidharma testen: „Und wer bist Du?" Und Bodhidharma antwortete: *Fu shiki*. Das bedeutet wörtlich ‚kein Bewußtsein', oft wird es auch fälschlicherweise mit ‚ich weiß nicht' übersetzt. Und diese tiefgründige Antwort findet sich nun in deinem Tee-Namen wieder. Und somit freue ich mich, dir den Namen *Soshiki* zu überreichen."

Wir verbeugten uns erst gegenseitig, dann in Richtung des Schreins, und verließen den Gedenkraum, um zu den anderen Lehrern zu stoßen, die draußen gewartet hatten. Ich wurde von allen beglückwünscht, und es gab natürlich einen gemeinsamen Tee. Als wir schon im Hinausgehen waren, hielt Oiemoto inne und sagte: „Warte noch einen Moment!“, und verschwand nach draußen. Nach einigen Minuten kam er zurück, mit einer Schriftrolle unter dem Arm: „Das ist für dich – herzlichen Glückwunsch!“, und verschwand.

Absichtsloser Geist

Die Lehrer waren ziemlich überrascht, nicht nur über meinen, eher ungewöhnlichen Tee-Namen, sondern auch über das Geschenk. „Was für eine Rolle ist das?“, wollten sie alle wissen, und gemeinsam öffneten wir die hölzerne Box. Einer der Gyotei-Sensei entrollte das Geschenk, und die Überraschung für meine Begleiter wurde noch größer. Auf der Rolle stand *Mu-shin*, und daneben in anderer Schrift *Hon-rai-mu-ichi-motsu*.

„Und, was bedeutet das?“, fragte ich. Die Lehrer erklärten mir, dass die Worte *Mu-shin* soviel wie „absichtsloser Geist“ bedeuten. Und einer der Lehrer fuhr fort: „Geschrieben sind die beiden Schriftzeichen – warte Mal, das ist ja ungewöhnlich... doch, tatsächlich... die beiden

Schriftzeichen sind von Oiemotos Zen-Meister Goto Zuigan-Roshi aus dem Daitoku-ji geschrieben. Er lebt schon lange nicht mehr, und damals war Oiemoto ja noch ein ganz junger Mönch in Daitoku-ji." „Und daneben?", wollte ich wissen. „Da stehen die Worte *Hon-rai-mu-ichi-motsu*, und diese Schriftzeichen sind von Oiemoto hinzugefügt worden und bedeuten ‚alle Dinge kommen aus der Leere'. Hier sind also der Meister und sein Schüler gemeinsam auf einer Schriftrolle verewigt."

Ich war fassungslos, denn ich erinnerte mich noch an Oiemotos Worte im Garten und seine Bitte, mein Zentraining aufzugeben. Und hier hatte er plötzlich mein Zen-Training wohlwollend betrachtet und mir zwei sehr kostbare Geschenke gemacht – meinen wunderbaren Tee-Namen und diese Schriftrolle mit der Kalligrafie seines Zen-Meisters und seine eigene.

Das Leben ist manchmal voller Überraschungen! Und auf diesen tiefgründigen Tee-Namen werde ich wohl noch für den Rest meines Lebens hinarbeiten müssen, um ihm gerecht zu werden...

Toga-san

An einem freien Wochenende war ich bei meinem Lehrer Allen zu einer *Chaji*. Er hatte mich extra eingeladen, weil er wusste, dass ich gern einmal Harold Stewart kennenlernen wollte, der das von mir so bewunderte Buch „By the Old Walls of Kyoto" geschrieben hatte. Die anderen Gäste waren John und ein japanischer Shinto-Priester. Ich freute mich auf diese interessante Kombination von Gästen. Harold lebte in einer ganz anderen Welt, aber er liebte den Tee und war ein Anhänger des „Reinen-Land-Buddhismus". Wir sprachen natürlich über sein Hauptwerk und über das, was ich darin nicht verstanden hatte. Es war ein sehr anregendes Gespräch. Dabei fand sich allerdings kaum Gelegenheit mit Toga-san, dem Shinto-Priester, zu sprechen.

Am nächsten Tag erzählte mir Allen, dass es schade sei, dass ich Toga-san nicht näher kennengelernt habe, denn er sei, trotz seiner Jugend, ein sehr interessanter Mann und ein Seher. Das interessierte mich natürlich, denn ich war noch nie einem Shinto-Priester, und schon gar keinem Seher begegnet. Wahrscheinlich hoffte ich im Stillen, dass er mir etwas über meine Zukunft sagen könnte. „Oh nein", sagte Allen, „in die Zukunft kann er nicht sehen, aber er kennt deine Vergangenheit." Das war natürlich spannend, und ich bat Allen ein Treffen zu vereinbaren, falls das möglich sei.

An einem Nachmittag fand ich mich vor einem unscheinbaren Häuschen im Kyotoer Norden, das direkt neben einem Shinto-Schrein lag. Ich klingelte und wurde von einer jungen Dame in eine Art Wartezimmer geführt, in dem schon eine Reihe anderer Japaner jeden Alters warteten.

Ich setzte mich, und nach und nach wurden all die anderen aufgerufen und verschwanden in einem angrenzenden Raum. Als alle gegangen waren, öffnete sich die Schiebetür und Toga-san trat ein: „Tut mir leid, dass du so lange warten musstest, du siehst ja, was hier los ist… Und ich wollte mir Zeit für unser Zusammentreffen nehmen. Der Tee bei Allen war wieder wunderbar, und ich bin danach ganz erfrischt und heiter nach Hause gefahren. Schade, dass wir so wenig Zeit hatten, uns kennenzulernen, aber komm' erst einmal mit in mein Wohnzimmer."

Toga-sans Wohnraum war ganz westlich eingerichtet, und wir nahmen in bequemen Sesseln Platz. Eine junge Dame servierte Tee, und wir begannen, uns über dies und jenes zu unterhalten. Er wollte natürlich genau wissen, warum ich nach Japan gekommen war und was mich bewogen hatte, an der größten Teeschule des Landes die Teezeremonie zu erlernen. Toga-san hatte in den USA studiert und wusste, dass es nicht ganz einfach ist, in einem fremden Land Fuß zu fassen.

Und ich wollte natürlich alles über seine seherischen Fähigkeiten wissen, von denen mir Allen erzählt hatte. „Ich habe das schon seit meiner frühesten Kindheit“, erklärte er, „und am Anfang wusste ich gar nicht, was mit mir los ist. Es machte mir Angst, dass ich wohl irgendwie anders war, als die anderen Kinder. Aber nach und nach lernte ich damit umzugehen, und heute helfe ich den Menschen, die zu mir kommen, indem ich Ihnen etwas über ihre Vergangenheit erzähle, was ihnen vielleicht hilft oder ich kann ihnen etwas zeigen, das sie über viele Jahre verdrängt haben. Ich kann nur Dinge aus der Vergangenheit sehen – die Zukunft ist mir, wie jedem von uns, verschlossen.“

„Ich traue mich fast nicht zu fragen, aber kannst du auch etwas über meine Vergangenheit sagen?“

„Lass‘ es uns versuchen. Gib mir deine Hände!“ Ich kniete vor seinem Sessel nieder und legte meine Hände in seine offenen Handflächen. Er schloss die Augen, und wir saßen eine ganze Weile ganz still. Schließlich löste er seine Hände, und ich ging wieder zurück zu meinem Sessel.

Er lächelte und sagte: „Ich habe ein wenig in dich geschaut, viel habe ich in der kurzen Zeit nicht sehen können, aber ich kann dir etwas Erfreuliches aus deiner Kindheit erzählen; vielleicht erinnerst du dich ja… Du musst wohl so sechs oder sieben Jahre alt gewesen sein, als du sehr krank geworden bist. Deine Eltern haben sich um dich gekümmert, so dass du bald wieder aufstehen konntest. Und bevor du wieder in die Schule musstest, hast du jeden Tag auf einem alten Trümmergrundstück, ganz in der Nähe eures Hauses, gespielt. Jeder Tag war wie ein neues Abenteuer, und es war die glücklichste Zeit in deinem jungen Leben.“

An diese Zeit hatte ich seit meiner Kindheit nicht mehr gedacht, konnte mich allerdings vage erinnern, dass ich an Masern erkrankt war und wegen der Ansteckungsgefahr längere Zeit nicht in die Schule durfte. Und tatsächlich: Es gab dieses Trümmergrundstück mit seinen Ruinen und verwinkelten Kellergewölben, in denen ich jeden Tag aufs Neue glücklich spielte.

„Wie kannst Du das so detailliert wissen?“, fragte ich erstaunt. „Ich weiß es nicht, ich sehe es einfach vor mir. Es kommt einfach zu mir – ich tue nichts dazu.“ „Kannst Du mir noch mehr sagen?“ drang ich in ihn. „Lass es gut sein – mehr müsste ich erzwingen, und das kann ich nicht. Ich kann dir nur das geben, was gerade da ist.“

Wie konnte er diese Dinge wissen? Ich hatte noch nie jemanden davon erzählt, und wir sind uns ja bei der Tee-Einladung bei Allen zum ersten Mal begegnet.

Sehr mysteriös…

Daishu-in

Vom Shinnyo-ji aus hatte ich ja nur wenige Minuten Fussweg bis zu meinem täglichen *Zazen* im Daishu-in. Inzwischen hatte ich gelernt, wie man sich im klösterlichen Umfeld verhält, wie man mit den ineinander ruhenden Schalen ißt, ohne ein Geräusch zu machen, wie man sie reinigt und wieder in ihre Tücher verpackt. Die Etikette in der Meditationshalle, der *Zendo*, war inzwischen Alltag und kein Problem mehr.

Meine Übung vertiefte sich, und eines Tages eröffnete mir Morinaga-Roshi, dass es nun für mich an der Zeit sei mit einem *Koan* zu üben. *Koan* kannte ich bis dahin nur aus der Zen-Literatur und von Erzählungen meiner Zen-freunde. Auf diese Art „Puzzle-Fragen", die oft völlig „sinn-los", im wahrsten Sinn des Wortes, sind, gilt es in der Meditation eine Antwort zu finden. Täglich sucht man zu kurzen Einzelunterweisungen, *Dokusan* genannt, den Meister auf, um ihm seine Antwort zu präsentieren. Ich zögerte, denn mein Japanisch steckte immer noch in den Kinderschuhen, und ich traute mir diese Aufgabe noch nicht zu.

Henry und Gretchen

Inzwischen war ich schon kurz vor dem Ende meines dritten Lehrjahrs. Um die Koanschulung im *Daishu-in* drückte ich mich noch, denn ich war mir nicht sicher, ob ich diesen Schritt überhaupt gehen wollte.

Aber manchmal kommt die Hilfe und Lösung aus einer ganz unerwarteten Ecke.

Es war erst drei Uhr morgens, als ich völlig schweißgebadet aufwachte und mit einem Schlag hellwach war. Normalerweise kann ich mich nicht an meine Träume erinnern, aber was ich geräumt hatte, war so klar und kraftvoll, dass ich mich an jedes Wort erinnerte.

In meinem Traum war ich völlig verzweifelt, da ich nicht wusste, wie ich mein Zentraining weiterführen sollte. Und ich traf auf meiner Suche nach einer Lösung auf Henry und schilderte ihm mein Problem. „Ich kann Dir da nicht weiterhelfen", sagte er in meinem Traum, „aber ich kenne jemanden, der Dir weiterhelfen kann". Und damit bin ich aufgewacht.

Und noch in meinem Bett dachte ich über meinen Traum nach. Ich war Henry bis dahin erst einmal begegnet. Er war ein in Japan geborener Amerikaner und Abt und Zen-Meister in einem der Untertempel des großen und bekannten Klosters Tenryu-ji, am Fuss der westlichen Berge Kyotos, wo er zusammen mit seiner Frau Sachiko lebte. Seine Tochter Gretchen arbeitete im Auslandsbüro von Urasenke als Herausgeberin der einzigen englischsprachigen Zeitschrift über den Teeweg. Die „Chanoyu Quarterly" hatte ihr Vater gegründet, und sie führte nun seine Arbeit fort.

Obwohl ich sonst nicht auf meine Träume achtete und ihnen auch nicht folgte, dachte ich dieses Mal, dass es ja nicht schaden könnte, denn der Traum war so klar gewesen, wie ich es vorher noch nie erlebt hatte.

Beim Mittagessen in der Cafeteria traf ich zwei Tage später auf Gretchen und setzte mich zu ihr. „Ich habe eine Bitte", begann ich, „meinst du, es ist möglich, dass ich deinen Vater treffen kann? Ich möchte ihn etwas fragen, mein Zentraining betreffend." Gretchen versprach mir, beim nächsten Besuch in Tenryu-ji mit ihrem Vater zu sprechen.

Ein paar Tage später lud mich Gretchen ein: „Ich habe mit meinem Vater gesprochen; bitte komme morgen Abend mit mir zum Abendessen bei meinen Eltern." Und mit etwas gemischten Gefühlen im Bauch fuhr ich mit Gretchen nach dem Unterricht mit dem Zug nach Arashiyama. Henrys kleiner Untertempel von Tenryu-ji lag gleich hinter dem äußeren Eingangstor, und wir wurden herzlich empfangen. Wir verstanden uns auf Anhieb gut; und Henry kannte natürlich meinen Meister Morinaga-Roshi.

Schließlich rückte ich mit meinem Anliegen heraus und schilderte ihm, dass ich im Daishu-in mein *Koan*-Studium beginnen sollte, mich aber wegen meiner geringen Kenntnisse in Japanisch nicht traute. Und nach kurzem Nachdenken sagte Henry: „Ich kann Dir da nicht weiterhelfen, aber ich kenne vielleicht jemanden, der Dir weiterhelfen kann".

Das waren exakt dieselben Worte wie in meinem Traum – das gibt's doch gar nicht, dachte ich. Und Henry erzählte mir vom Erzabt und Zen-Meister Hirata-Roshi, der dem Kloster in Tenryu-ji vorstand. Hirata-Roshi war nicht nur Zen-Meister, sondern auch Philosophie-

Professor an der Hanazono-Universität, und er hat eine Zeitlang in Deutschland unter Heidegger und Buber studiert. Deshalb sprach er – wie alle Philosophen in Japan – auch gut Deutsch.

„Ich werde mit Hirata-Roshi sprechen und einen Termin für Dich vereinbaren", versicherte mir Henry noch, bevor ich mich wieder auf den Heimweg machte. Ich konnte es immer noch nicht fassen, dass sich mein Traum in Wirklichkeit verwandelt hatte...

Hirata Seiko-Roshi

Zwei Wochen später war ich mit Henry auf dem Weg ins Kloster. Hirata-Roshi empfing uns in seinem kleinen Gästeraum, schob mir als erstes ein Tablett mit Teeutensilien und eine Thermoskanne zu: „Warum machst Du uns nicht einen Tee, ich kümmere mich inzwischen um die Süßigkeiten." Er ließ uns ein paar Minuten allein und brachte schließlich frische Süßigkeiten, die die beiden mit Genuss verspeisten, während ich den Tee zubereitete, wie ich es gelernt hatte.

„Hier kümmern wir uns nicht so sehr um die Form – mach' einfach Tee!" Diesen Satz sollte ich in den kommenden Jahren noch öfter hören, wenn mich der Meister aus der *Zendo* holte, um seinen Gästen eine Schale Tee zuzubereiten.

„Du weißt ja", erklärte er mir nach dem Tee, „dass es in Japan nicht üblich und auch nicht ganz einfach ist, seinen Zen-Meister zu wechseln, genau wie bei den Tee-Meistern auch. Und ich verstehe auch dein Sprachproblem. Dies hier ist aber ein sehr strenges, professionelles Kloster, indem Mönche zu Priestern ausgebildet werden. Ich könnte mir schon vorstellen, dich aufzunehmen. Dazu müsstest du aber vorher zwei Aufgaben erfüllen: Zunächst kommst du jeden Tag zum Abend-*Zazen* ins Kloster, bis du deine Ausbildung in Urasenke abgeschlossen hast – so lernst du das strenge Leben hier kennen. Ferner musst du mit deinem jetzigen Meister Morinaga-Roshi sprechen, denn ohne seine ausdrückliche Erlaubnis, kann ich dich hier nicht aufnehmen."

Damit war die Audienz beendet und ich verbrachte noch den Rest des Nachmittags in Henrys Tempel. Er gab mir noch viele wertvolle

Hinweise für den Wechsel von Daishu-in ins Kloster Tenryu-ji.

Daishu-in – Tenryu-ji

Nach einem morgendlichen Frühstück in Daishu-in nahm ich allen Mut zusammen und sprach - mit Hilfe von Ursulas Übersetzung - meinen Wunsch für einen Wechsel ins Kloster Tenryu-ji an. Die wenigen anwesenden Mönche waren entsetzt, das konnte ich an ihren Gesichtern ablesen, und sie warteten wohl auch darauf, dass Morinaga-Roshi nun erbost reagieren würde.

„Ich kann dein Anliegen gut verstehen, und von meiner Seite her hast du keine Nachteile zu befürchten. Ich werde Hirata-Roshi nächste Woche an der Universität treffen und mit ihm darüber sprechen."

Zwei Wochen später begann mein Zen-Training in Tenryu-ji unter Hirata-Roshi. Jeden Tag nach dem Unterricht pendelte ich also zwischen der Teeschule, meinem kleinen Teehäuschen und dem Kloster hin und her. *Zazen* war anfangs recht anstrengend, denn Tenryu-ji ist bekannt für sein langes Abend-Sitzen. Vor elf Uhr kam ich nie ins Bett; während der Intensiv-Trainingsperioden sogar oft erst weit nach Mitternacht.

An freien Wochenenden schlief ich während der *Sesshin* auch in der *Zendo* mit all den anderen Mönchen und beteiligte mich am *Takuhatsu*, den morgendlichen Almosengängen. So wuchs ich langsam ins Klosterleben hinein.

Ikebe-Sensei

Meine dreijährige Ausbildung in Urasenke ging zu Ende und wurde mit einer riesigen Graduation-Party gefeiert. Die meisten meiner Mitschüler verließen die Teeschule, um in ihre jeweiligen Heimatländer zurückzukehren. Ich wollte aber mein Teestudium weiter vertiefen, was auch erlaubt wurde. Von nun an ging ich nur noch dreimal wöchentlich zum Unterricht und nahm zusätzlich noch Privatunterricht bei einem der Gyotei-Sensei, der mich auch immer bei meinen Plänen unterstützt hatte.

Ikebe-Sensei war ein großer und stämmiger Lehrer, der längere Zeit in Honolulu auf Hawaii unterrichtet hatte und deshalb auch gut Englisch sprach. Einzelunterricht bei einem Gyotei-Sensei zu nehmen, ist für die japanischen Teeschüler ein ziemlich teurer Spaß. Gyotei-Sensei unterstehen direkt dem Oiemoto und gehören gewissermaßen zu seiner Familie. Sie genießen großen Respekt, denn sie sind hervorragend ausgebildet – bessere Lehrer kann man auf dem Teeweg nicht finden. Ikebe-Sensei weigerte sich von mir Geld anzunehmen: „Du lebst im Kloster und hast nur ein kleines Taschengeld, ich brauche dein Geld nicht." So brachte ich wenigstens gelegentlich einen besonderen Tee oder Süssigkeiten zum Unterricht mit.

Einzelunterricht in dieser Intensität kannte ich bisher nicht und war gelegentlich überfordert, denn Ikebe-Sensei stellte hohe Ansprüche an mich: „Du hast deine formelle Ausbildung abgeschlossen und gehörst nun zu den fortgeschrittenen Teeschülern, also jammere mir nicht die Ohren voll!" Neben seiner Strenge hatte er – als Vater von drei Töchtern – aber auch sehr viel Verständnis und einen weichen Kern in seiner rauen Schale.

Ich erinnere mich an einen Nachmittag im Sommer. Meist durfte ich drei bis vier verschiedene Formen üben, und dieses Mal war ich bei der vierten Teezubereitung, eine länger als die anderen. Obwohl ich im Sitzen inzwischen ziemlich geübt war, konnte ich am Ende kaum aufstehen, um die Geräte vorschriftsmäßig nacheinander aus dem Raum zu tragen. War man aufgestanden, musste man sich aber nach wenigen Schritten wieder setzen, um die Schiebetür zu öffnen. Ich hatte es kaum geschafft einigermaßen elegant aufzustehen, als ich vor der geschlossenen Tür stand. Meine Beine schmerzten so sehr, dass mir schwindlig war. „Ich kann mich nicht mehr setzen", sagte ich verzweifelt. Ikebe-Sensei lachte, stand flink auf und öffnete mir die Tür. Ich war sehr erleichtert...

Die anderen Schüler von Ikebe-Sensei traf ich nur bei seinen Tee-Einladungen an Neujahr oder beim Öffnen des *Ro*, der eingelassenen Feuerstelle im Boden, was den Winter einläutet.

Diese Tee-Einladungen waren immer sehr aufwändige *Chaji* mit einem köstlichen Essen, das meist seine Frau kochte, zwei Holzkohle-Zeremonien, wobei im Beisein der Gäste die besondere Holzkohle gelegt wird. Als Tee gab es *Koicha*, einen starken, dickflüssigen Tee, den sich alle Gäste in Stille und sehr formeller Atmosphäre teilten; gefolgt von *Usucha*, bei dem für jeden Gast individuell ein oder zwei Schalen leichter, dünnflüssiger Tee zubereitet werden. Solch eine *Chaji* dauert etwa vier bis fünf Stunden und ist immer ein ganz besonderes Erlebnis. *Chaji* ist der Kern des Teewegs.

Tenryu-ji

Zur gleichen Zeit zog ich nun ins Kloster ein. Hirata-Roshi hat sich nach meiner „Probezeit" bereit erklärt, mich nun ganz ins Kloster aufzunehmen, „aber nur, wenn du auch drei Jahre bleibst!" Das war die übliche Ausbildungszeit für Priester in der Tenryu-ji-Tradition.

Da ich immer noch weiterhin dreimal in der Woche zum Teeunterricht wollte, und auch meinen Privatunterricht bei Ikebe-Sensei weiterführen und nicht aufgeben wollte, erhielt ich eine Sondererlaubnis das Kloster in diesen Zeiten tagsüber verlassen zu dürfen.

„Du wirst nur während der strengen Sesshin in der Zendo mit den Mönchen schlafen", sprach der Meister, „ansonsten gebe ich dir ein kleines Häuschen drüben in meinem Heimtempel. Dort kannst du wohnen und lernen. Die Teilnahme am morgendlichen und abendlichen *Zazen* und am *Dokusan* sind aber Pflicht, und auch die Almosengänge zweimal in der Woche. Außerdem wirst Du morgens in meinem Tempel drüben die tägliche Morgenrezitaion durchführen und den Garten dort in Ordnung halten. Das ist eine gute Übung für dich."

Und ich begann unter Hirata-Roshi nun mein Koan-Studium.

Als Anfänger bekommt man in der Rinzai-Tradition, zu der das Kloster in Tenryu-ji gehört, immer eines von zwei berühmten Koan.

Das erste ist das *Koan „Mu"*:

Ein Mönch fragte einmal Meister Joshu:
„Hat ein Hund die Buddha-Natur oder nicht?"
Joshu sagte: „Mu!"

Das zweite ist das *Koan „Sekishu"*:

Klatscht man in die Hände, gibt es einen Ton.
Wie ist der Ton einer klatschenden Hand?

Obwohl es *Koan* gibt, bei denen man seinen Verstand einsetzen muss, ist dies bei den ersten *Koan* nicht möglich. Diese beiden und auch einige andere Koan sind nur intuitiv zu lösen. Man bewegt diesen einen Gedanken „*Mu*" oder „*Sekishu*" solange in der Meditation, bis eine Antwort auftaucht.

Mindestens einmal täglich begibt man sich zum Meister und legt ihm seine Antwort dar. Diese manchmal nur Sekunden dauernden Einzelunterweisungen nennt man *Dokusan*. Selbst heute schaue ich manchmal noch in mein *Dokusan*-Tagebuch, in das ich mir alle Antworten und auch Roshis Entgegnungen notiert hatte. Es ist immer noch eine Quelle der Inspiration und dient auch heute noch dazu mein Zen-Verständnis zu vertiefen.

Aber zunächst ist die *Koan*-Arbeit etwas sehr Frustrierendes. Jeden Tag, und in den *Sesshin* auch bis zu dreimal täglich, suchte ich den Roshi auf, um ihm meine Antwort zu bringen. Zuerst brachte ich ihm alles, was mir verstandesmäßig zu diesem *Koan* einfiel. Und erst dann, als mir wirklich nichts mehr eingefallen ist, wurde es richtig interessant. Denn ich musste ja immer noch täglich zum *Dokusan*, aber was sollte ich sagen? Muss ich überhaupt etwas sagen oder einfach nur etwas tun? Aber was? Ich wusste nicht mehr weiter – jede Antwort, die ich brachte wurde vom Meister abgelehnt.

Hinzu kam, dass ich nach einem halben Jahr feststellen musste, dass meine Mitmönche, die zur gleichen Zeit wie ich ihr *Koan*-Studium begonnen hatten, inzwischen schon mehrere Koan beantwortet hatten und damit prahlten, was meine Frustration nur noch steigerte.

Als ich Hirata-Roshi einmal im Garten traf, fragte ich ihn: „Wie kann es sein, dass ich mich immer noch mit meinem ‚Ton der einen Hand' quäle, während andere schon beim dritten oder vierten *Koan* sind? Bin ich zu blöd?" „Nein", antwortete der Meister, „das bist du nicht. Im Gegenteil, du bist sehr privilegiert, weil du, im Gegensatz zu den anderen Mönchen, unendlich viel Zeit hast.

Ich will es dir erklären: Die anderen Mönche stammen alle aus Tempelfamilien, das heißt, sie müssen nach ihrem dreijährigen Training hier als Priester den Tempel vom Vater übernehmen. Die Mönche brauchen den Klosteraufenthalt für ihre Priesterlizenz, und um zu lernen wie man einen Tempel führt. In dieser Zeit bekommen sie natürlich auch *Koan* zum Üben. Wenn aber ein Mönch nach einigen Monaten mit seinem *Koan* nicht weiterkommt, bekommt er ein anderes von mir. So wird er vielleicht ein wenig mehr verstehen, bevor er dann den Tempel der Familie übernehmen wird. Es geht darum, dass er in dieser Zeit vielleicht dann doch wenigstens ein bisschen versteht, dass es wichtig ist, auch einen Blick auf die andere Seite des dualistischen Denkens zu werfen.

Aber du hast keinen Tempel. Du kannst dir beliebig viel Zeit nehmen, um eine Antwort auf dein *Koan* zu finden; das ist viel fruchtbarer. Lass‘ dich also nicht von anderen beirren und mach‘ einfach weiter!“

Es hat eineinhalb Jahre gedauert bis ich in einem *Sesshin* plötzlich in eine Art tiefere Versenkung fand. Und plötzlich, wie aus heiterem Himmel, war die Antwort da. Und ich wusste, dass es die richtige war. Ich sprang von meinem Sitz auf und rannte zum *Dokusan*-Raum – alle anderen wartenden Mönche ignorierend – und setzte mich vor den Roshi. Dieses Mal klingelte er nicht gleich mit der Handglocke, was bedeutet, dass man gehen muss, sondern er hörte mich an und stellte mir einige Testfragen, die ich völlig intuitiv und ohne nachzudenken beantworten konnte. Es sprudelte förmlich aus mir heraus. „Nicht schlecht“, sagte der Meister, „und hier ist dein nächstes Koan...“.

Ich schwebte wie auf Wolken in die *Zendo* zurück und konnte die ganze Nacht nicht schlafen. Ich stand wie unter Strom und war glücklich und zufrieden. Dieser Zustand hielt eine ganze Weile an, und ich dachte schon ich sei erleuchtet...

Ich musste unbedingt mit dem Meister sprechen. Als ich dann Hirata-Roshi fragte, was denn „Erleuchtung“ sei, lachte er herzlich und sagte: „Mach dir darüber keine Gedanken!“

Dennoch hat er wohl dann doch gespürt, dass es mir mit meiner Frage durchaus ernst war, und einige Tage später rief er mich zu sich:

„Du hast mich nach der Erleuchtung gefragt, und ich kann dir nur sagen, dass ich diese Frage nicht beantworten kann, denn ich weiss nicht, was Erleuchtung ist. Nur folgendes kann ich dir dazu sagen: Erleuchtung ist nicht etwas, was man haben kann oder nicht haben kann. Sie macht aus dir keinen besseren Menschen oder gar einen Heiligen. Du wirst die gleichen Sorgen und Probleme haben, wie jeder andere auch; nur vielleicht wirst du ein wenig besser damit umgehen können. Du hast nun lange an deinem *Koan* gearbeitet, und irgendwann, als du tief genug eingedrungen bist, hast du die Antwort gewusst. Und das ist sehr wichtig, denn die Tür hat sich einen kleinen Spalt geöffnet, und du konntest etwas von diesem Licht ahnen, das sich dir zeigte. Ich weiss nicht, was Erleuchtung ist; vielleicht werde ich es im Augenblick meines Todes wissen, vielleicht aber auch nicht. Das ist alles, was ich dir dazu sagen kann."

Und so ich mühte mich weiterhin mit meinen *Koan* ab. Einmal konnte ich in einem *Sesshin* gleich mehrere *Koan* beantworten. Ich war so gut drauf, dass die Antwort schon herausschoss, bevor der Meister seine Frage beendet hatte. Ich hatte absolutes Oberwasser! Aber kaum merkte Hirata-Roshi, dass ich übermütig wurde, gab er mir ein *Koan* einer anderen Klasse, bei dem man plötzlich wieder seinen Intellekt einsetzen musste, und ich tappte prompt in die Falle. Ich fing also wieder von vorne an – ja, es war wirklich frustrierend und unendlich mühsam…

Einsamkeit

Manchmal fragen mich meine Freunde, ob ich im Kloster denn irgendetwas Besonderes erreicht hätte.

Diese Frage kann ich nicht beantworten, aber ich hatte ein tiefes Erlebnis, das ich bis heute in mir trage.

Es war mitten in meinem zweiten *Rohatsu-Sesshin* im Kloster, einer Zeit, in der man sich ausschließlich der Meditation widmet. Die ersten beiden Tage waren hart, denn ich konnte meinen „Affengeist", der sich von Ast zu Ast schwang, nicht beruhigen. Erst als es mir am dritten Tag gelungen ist, endlich loszulassen, fand ich in eine Art tiefe Versenkung. Vergangenheit und Zukunft existierten nicht mehr. Nur noch mein Atem, das Heben und Senken der Bauchdecke… Stille…

Plötzlich begannen Tränen über mein Gesicht zu laufen. Ich spürte die salzigen Tropfen an meinen Lippen. Und ich wusste nicht, warum ich weinte. Erst als ich noch tiefer eindrang, mich noch stärker konzentrierte, traf es mich wie ein schwerer Schlag:

Ich bin allein, nur ich – sonst nichts.

Eine tiefe Einsamkeit breitete sich in meinem Körper aus. Deshalb hatte ich zu weinen begonnen. Diese Art Einsamkeit kannte ich nicht. Sie war so stark, dass es körperlich schmerzte und die Tränen flossen und hörten nicht auf zu fließen. Noch nie in meinem Leben bin ich so einsam gewesen – ich hatte es mir nicht einmal vorstellen können, so einsam zu sein.

Vor mir tat sich eine Art Abgrund auf. Ich schaute nach unten, aber da war nur Dunkelheit. Ich war völlig verzweifelt, denn ich dachte, wenn ich mich dieser Dunkelheit hingebe, bin ich verloren.

Beim nächsten *Dokusan* saß ich völlig verheult und verzweifelt vor Hirata-Roshi. Er wollte keine *Koan*-Antwort von mir, hob nur die Hand, um meinen Redefluss zu stoppen und sagte dann ganz ruhig: „Es ist alles in Ordnung, keine Angst. Du bist nah dran, gib nicht auf! Mach weiter! Los!“

Der Abgrund war immer noch da, und ich stand an seinem Rand in meiner tiefen Einsamkeit, Verzweiflung und Verlorenheit.

Dann, beim Nachtsitzen draußen im Garten, wurde ich plötzlich ganz ruhig und klar, konnte die Frösche im nahegelegenen Teich quaken hören, schmeckte die feuchte Luft und kostete den Duft der mich umgebenden Gärten. Auf einmal war es ganz friedlich, und ich ließ mich fallen… in den dunklen Abgrund hinein.

Aber ich fiel nicht, ich schwebte und ein tiefes Gefühl des Glücks strömte in mich hinein – ich gab mich dem ganz hin.

Und ich wusste plötzlich: Es gibt diese Einsamkeit gar nicht, weil wir alle verbunden sind – in dem Einen, das uns trägt.

Ich konnte die ganze Nacht nicht schlafen und übte Zazen bis zum Morgengrauen, als schon wieder die Glocke zum Aufstehen läutete.

Als der Roshi mich beim nächsten *Dokusan* sah, strahlte er: „Gut, dass du durchgehalten hast, sonst hättest du dir wirklich schaden können. Aber nun hast du etwas erfahren, was dir niemand mehr nehmen kann. Also, zurück auf dein Kissen und weiter geht es mit deinem Koan!"

Seither, die ganzen Jahre, bin ich nie mehr einsam gewesen oder habe unter irgendeiner Art von Einsamkeit gelitten. Allein ja, aber das ist nicht dasselbe.

Und als ich vor diesem Abgrund stand, habe ich noch etwas gelernt: Nur wenn ich nicht am Leben hänge, kann ich in die Erfahrung des „augenblicklichen Moments" eintauchen. Mein Klammern und Festhalten am Leben sind eigentlich sinnlos, denn nur, wenn ich ganz loslasse, bin ich wirklich lebendig, mitten im eigenen Leben.

Schlechte Tage und gute Tage sind nur zwei Seiten derselben Münze. Es ist immer nur mein Geist, der über Himmel und Hölle entscheidet. Nichts verändert sich, es ist wie eine geistige Brise, manchmal tropisch und heiß und manchmal eben auch eisig kalt wie eine dunkle Winternacht.

Nur mein innerer Querulant beschwert sich jedes Mal, wenn es unbequem wird. Aber in der Meditation zeigt sich plötzlich eine ganz andere Realität – Gelassenheit und Gleichmut.

Und ich habe gelernt, dass es in der Meditation nicht darum geht, sich wohl oder gut zu fühlen, sondern einzig darum, alles loszulassen. Gestern ging es mir nicht gut, heute geht es mir fantastisch… einfach nur ein anderer Tag…

Hirata-Sensei

Jeden Morgen um fünf Uhr saß ich in der kleinen Tempelhalle meines Meisters und rezitierte die Morgensutren. Dieser Morgensegen dauerte etwa eine Stunde und war eine gute Übung für mich. Nach kurzer Zeit konnte ich die Sutren auswendig und lernte mit den Gongs und Glocken auch ganz gut umzugehen.

Und fast jeden Morgen kam die Mutter meines Meisters, setzte sich neben mich und rezitierte gemeinsam mit mir. Sie musste damals schon weit über achtzig Jahre alt gewesen sein, hatte wache, strahlende Augen und war immer freundlich und selbst so früh am Morgen immer gut gelaunt.

Und wenn ich anschließend den Garten reinigte kam Hirata-Sensei oft mit einer Schale Tee und Süßigkeiten um mich zu erfrischen; vor allem in der Sommerhitze war dieser morgendliche Tee mehr als willkommen.

Eines Morgens erzählte sie mir, dass sie viele Jahre als Lehrerin der Yabunouchi-Teeschule unterrichtet hatte. Als ich später einmal ein besonders Teekästchen auf einem der Flohmärkte gekauft hatte, wusste ich nicht wie man es verwendet, denn es war keines der Kästchen, wie wir sie in Urasenke verwendeten.

Also fragte ich Hirata-Sensei. „Ja, das ist ein Käschen, wie wir es in unserer Schule verwenden“, erklärte sie. Und ich bat sie, mir zu zeigen, wie man damit umgeht. Sie war aber sehr traditionell und sagte nur: „Nein, das ist nicht möglich, denn du studierst ja bei Urasenke!“

Ich wusste natürlich, dass man in Japan die Schulen streng trennt, und es ist in der Regel auch unmöglich, die Schule zu wechseln oder die Teezubereitungsform einer anderen Schule zu erlernen. Ich versuchte Hirata-Sensei zu überreden, und sie gab schließlich nach: „Also gut, du bist ja kein Japaner – ich zeige dir, wie du damit umgehst."

Eines Nachts wachte ich auf, weil ich hörte, wie ein Krankenwagen auf das Tempelgelände fuhr. Und am nächsten Tag kam Hirata-Sensei nicht zur Morgenrezitation. Ich klopfte an Roshis Küchentür und fragte, was passiert sei. Man hatte Hirata-Sensei ins Krankenhaus gebracht und es sah nicht gut aus. Ich fragte meinen Meister, ob ich sie dort besuchen könnte, und er meinte: „Sie würde sich sicher darüber freuen."

Ich war ziemlich schockiert, als ich das kleine Krankenhaus von Arashiyama betrat. Alles war alt und auch etwas schmuddelig. Und ich fand Hirata-Sensei in einer Art Verschlag, winzig klein und ohne Fenster. Wie konnte man diese feine und elegante alte Dame in so einem jämmerlichen Raum abstellen? Sie atmete nur noch schwach, erkannte mich aber, und ich hielt eine Weile ihre kleine Hand, bis sie einschlief.

Und mit einer ziemlichen Wut im Bauch stellte ich nach meinem Besuch im Krankenhaus Hirata-Roshi zur Rede: „Wie können Sie ihre Mutter zum Sterben nur in so einem gruseligen Krankenhaus abstellen! Bitte holen sie ihre Mutter nach Hause, so dass sie in Frieden Abschied nehmen kann!“ Der Roshi war ziemlich verblüfft über meinen Wutausbruch und ging einfach davon.

Am Abend kam der Krankenwagen wieder zu Tempel, Hirata-Sensei wurde ausgeladen, und sie verstarb ganz friedlich zwei Tage später in ihrem Zuhause im Beisein ihrer Familie. Ich habe bei der Beerdigung geholfen, und mein Meister sagte mir später, dass er sehr froh war, dass ich ihn so heftig auf den Missstand im Krankenhaus hingewiesen hatte.

Danach saß ich morgens in Roshis kleinem Tempel immer allein bei der Morgenrezitation – ich habe Hirata-Sensei schmerzlich vermisst. Die alte freundliche Dame war mir sehr ans Herz gewachsen.

Nishitani-Sensei

Hirata-Roshi lud als Philosophie-Professor der buddhistischen Hanazono-Universität einmal jährlich zu einem internationalen Symposium nach Tenryu-ji ein. Es war die Zeit, als in den USA erste Veröffentlichungen über sexuellen Missbrauch durch Zen-Meister auftauchten. In Japan war man darüber sehr beunruhigt, und das Thema des Symposiums in jenem Jahr war, wie man sich nun den erhobenen Vorwürfen und Tatsachen gegenüber verhalten sollte und welchen Einfluss all dies auf Zen in Amerika hat.

Hirata-Roshi meinte, ich sollte, gewissermassen als deutsche Vertretung, an diesem Symposium teilnehmen. Zusammen mit Teilnehmern aus sechs Ländern trafen wir uns für eine Woche täglich am Vormittag zur Diskussion. Dabei fiel mir vor allem auf, dass einer der älteren Japaner mit sehr viel Respekt und Hochachtung behandelt wurde. Für die Abschluss-Veranstaltung bat mich Hirata-Roshi, doch für die Teilnehmer noch einen Tee zuzubereiten, bevor alle wieder abreisten.

Der Tagungsraum hatte keine *Tatami*, und für Teegeräte war auch nicht viel Platz. So rollte ich eine Binsenmatte auf dem Holzboden aus und begann mit der Teezubereitung, wobei alle Teegeräte auf einem kleinen Tablett standen und das heiße Wasser kam aus der Thermoskanne.

Alle warteten geduldig und aufmerksam auf ihren Tee, bis alle getrunken hatten. Hirata-Roshi sprach noch ein Schlusswort, bevor dann alle Teilnehmer den Raum verließen.

Ich war schon dabei, die Teegeräte zu reinigen und aufzuräumen, als der ältere Japaner, der mir ja schon aufgefallen war und den ich nicht kannte, nochmals in den Raum zurückkam. Er setzte sich vor mich auf den Boden, verbeugte sich tief, und sagte in fließendem Deutsch: „Ich möchte mich ganz herzlich bei ihnen bedanken, dass sie für uns alle Tee zubereitet haben. Und ich freue mich sehr, dass sie als Deutscher hier in Japan Tee und Zen studieren. Darf ich ihnen beim Aufräumen helfen?" Ich war ein wenig verblüfft und antwortete: „Nein danke, das ist nicht nötig." Er ließ sich aber nicht davon abhalten, die gereinigten Teeschalen fachkundig und sehr sorgfältig in die

Kisten zu packen. Als alles getan war, verbeugte sich der freundliche Japaner noch einmal und verschwand.

Für mich war dies eine etwas seltsame Begegnung. Während des Symposiums hatte ich ja bemerkt, dass dieser sehr bescheidene und zurückhaltende Mann von den anderen Teilnehmern sehr geschätzt und bewundert wurde. Seine Demut war echt, das konnte ich ja deutlich spüren, so deutlich wie ich es selten erfahren habe.

Am nächsten Tag sprach ich Hirata-Roshi daraufhin an: „Wer war denn dieser alte und beeindruckende Herr im Symposium? Stellen sie sich vor, er ist noch einmal zurückgekommen und hat sich sogar bei mir bedankt und geholfen aufzuräumen, als wäre dies eine absolute Selbstverständlichkeit." Der Meister lachte und sagte: „Das war Nishitani-Sensei, der bekannteste lebende Philosoph in Japan und Mitbegründer der Kyotoer Philosophieschule. Und er ist auch gleichzeitig der bescheidenste Kollege, den ich kenne."

Etwa ein halbes Jahr später rief mich Hirata-Roshi zu sich: „Erinnerst du dich noch an Nishitani-Sensei, der dich so sehr beeindruckt hat? Gerade ist sein berühmtestes Buch in deutscher Sprache erschienen. Hier ist es, du kannst es gern lesen, es ist sehr interessant."

Ich war natürlich sehr gespannt, denn der Titel „Was ist Religion" klang sehr vielversprechend. Aber nach den ersten Seiten musste ich feststellen, dass das Buch meinen Horizont bei weitem überstieg. Einer der Rezensenten schrieb:

Sein religionsphilosophisches Hauptwerk „Shūkyō-towa-nanika" ist in deutscher Übersetzung unter dem Titel „Was ist Religion?" erschienen. Der deutsche Philosoph Heinrich Rombach urteilte in einer Rezension des Buches: „Die Sache dieses Autors ist stimmig und überzeugend. [...] Es dürfte wohl schwer sein, eine authentischere Selbstdarstellung des asiatischen Gedankens, und zudem auf dem Niveau höchster Spekulation und aktuellster Geschichtsdeutung, zu finden".

Ich habe also versucht in Nishitani-Senseis Buch zu lesen, muss aber gestehen, dass ich kein Wort verstand.

Ein paar Wochen später bat mich der Meister das Buch wieder zurückzubringen. „Und, wie fandest du es?", wollte er wissen. Und ich sagte spontan: „Bitte entschuldigen sie, aber ich habe das Buch aufgeschlagen und wieder zu gemacht!" Hirata-Roshi schaute mich erstaunt an, und nach einer kurzen Pause hob er den Zeigefinger und sagte lachend: „Das ist Zen!"

Ich bin Nishitani-Sensei noch einige Male begegnet, und wurde durch seine Empfehlung später auch zu den gelegentlichen meist in einem Café stattfindenden zwanglosen Gesprächskreisen seines Nachfolgers Ueda-Sensei an der philosophischen Fakultät eingeladen.

Sein Buch „Was ist Religion?" steht bis heute in meinem Bücherregal. Immer wieder über die Jahre habe ich es zur Hand genommen, in der Hoffnung, es nun besser verstehen zu können – vergeblich...

Obai-in

Eines Tages nahm mich der oberste Mönch des Tenryu-ji mit zu einem der größten Tempelkomplexe in Kyoto, Daitoku-ji, um dort einen seiner Meister zu besuchen. Als wir zum Tempel Obai-in kamen, stellte mich der oberste Mönch dem Abt vor. Als dieser hörte, dass ich bei Urasenke den Teeweg lernte, rief er: *„Chajin dai kirai!"* Das bedeutet so viel wie „ich hasse Teeleute!" Ich wunderte mich natürlich sehr, denn dies war wohl kaum eine besonders freundliche Begrüßung. Da der Tempel aber sonst für die Öffentlichkeit geschlossen war, war ich dennoch froh, dass ich die Möglichkeit hatte, die berühmten Räume aus der Zeit Rikyus in Ruhe besichtigen zu können. Nachdem ich einige Zeit in den alten Teeräumen verbracht hatte, lud uns der Abt in seine privaten Räume zu einer Schale Tee ein.

Es war ein kleiner viereinhalb-Matten Raum mit einer Art niedrigem Tisch. In der Mitte dieses kleinen Tisches war eine Feuerstelle eingelassen. Über dem Holzkohlefeuer stand ein wunderschöner eiserner Kessel auf dem Dreifuß. Und so setzten wir uns um diesen Tisch, ganz entspannt und bequem auf flachen Kissen. Der Abt brachte verschiedene Teegeräte zum Tisch, und dann geschah etwas Wundervolles: Die Teezubereitung des Abtes war so natürlich und anmutig, dass mich die Schönheit seiner

Bewegungen ganz in ihren Bann zog. Nicht so, wie ich es an der Teeschule gelernt hatte – er folgte keiner besonderen Form – er bereitete einfach nur eine Schale Tee zu an diesem kleinen Tisch – völlig natürlich und ohne besondere Absicht. Eine der wundervollsten Schalen Tee, die ich je gekostet habe. Seine Bewegungen waren völlig gleichmäßig und rund, fast so wie er selbst. So leicht, so natürlich und anmutig, hatte ich noch keine Teezubereitung gesehen.

Nach diesem Tee waren wir alle drei ganz still. Für einen Augenblick ließen wir die Teezeremonie an unserem inneren Auge vorüberziehen. Nach einer Weile hatte ich das Gefühl, dass ich etwas sagen müsste, und ich wandte mich an den Abt: „Ganz herzlichen Dank – ihr Tee hat mein Herz berührt." Der Abt glitt von seinem Kissen und verbeugte sich tief. Dann schaute er mir in die Augen und sprach: „Danke, dass du nicht mein Gast warst."

Danke, dass du nicht mein Gast warst... Ich erinnerte mich: zuerst gibt es Gast und Gastgeber – ganz separat; dann gibt es da Gast und Gastgeber, und ihre Rollen sind austauschbar; und in der dritten Stufe gibt es dann weder Gast noch Gastgeber. Und genau darüber hatte der Abt gesprochen.

Als wir später den Tempel wieder verließen, lud mich der Abt ein jederzeit wiederzukommen – trotz der etwas eigenartigen Begrüßung beim Eintritt in den Tempel. Der oberste Mönch erklärte mir später, warum der Abt keine Teeleute mochte. Er verabscheute die Teelehrer und Tee-Meister in Kyoto, mit ihren informellen *Chakai,* der Zurschaustellung ihres Reichtums und ihrer Art der Teezubereitung.

Und als ich den Abt später in Tenryu-ji bei einer anderen Gelegenheit wieder traf, fragte ich ihn, ob ich bei ihm etwas über seinen Teeweg lernen dürfte. Und er sagte: „Ich verstehe doch überhaupt nichts vom Teeweg, was willst du also von mir lernen? Aber wenn du wirklich willst, dann werde ich dich mit einer Gruppe von Teeleuten zusammenbringen, die dich vielleicht interessiert. Diese Leute treffen sich von Zeit zu Zeit in meinem Tempel und praktizieren *Zazen* und den Teeweg. Der Name der Gruppe ist *Shin-Chakai,* was soviel wie „Herz-Tee-Gesellschaft“ bedeutet, und geht auf einen der Gründer der sogenannten Kyotoer Philosophie-Schule zurück, Shinichi Hisamatsu.“

Und so hatte ich durch die Empfehlung des Abtes die Möglichkeit gelegentlich mit dieser Gruppe zusammen Tee zu trinken und zu üben: sehr formell, nur Männer, alle in *Kimono* und *Hakama*. Das *Hanya-Shingyo* wurde vor dem Tee rezitiert. Jeder war Lehrer, jeder war Schüler, immer im Wechsel. Stille.

Wahre Übung…

Ordinierung

Im dritten Jahr in Tenryu-ji sollte nun auch meine Ordinierung zum Priester stattfinden. Hirata-Roshi erklärte mir, dass es im Kloster schon seit dreißig Jahren keine Ordinierung mehr gegeben hätte, denn die japanischen Mönche werden jeweils in ihren Heim-Tempeln ordiniert.

Nun brachte meine bevorstehende Ordinierung ziemliche Unruhe in den klösterlichen Tagesablauf: Niemand konnte sich auf Anhieb an die vorgeschriebenen Zeremonien erinnern. Der Roshi ließ sich von den Äbten der Untertempel beraten, und die Mönche studierten die

Sutren, die zur Ordinierung nötig waren. Alle hatten große Freude an diesen eher ungewöhnlichen Vorbereitungen.

Es war ein festlicher Tag: Alle Mönche waren bereits in der Klosterhalle versammelt als Hirata-Roshi auf seinem erhöhten Sitz Platz nahm. Nach verschiedenen Rezitationen, verbeugte ich mich vor dem historischen Shakyamuni-Buddha über dem Altar und vor dem Meister, der daraufhin die Gelübde verlas. Zusammen mit meiner Lehrbefugnis erhielt ich den Zenbuddhistischen Namen *Sei-Zen*, „jemand, der Zen in den Westen trägt", wie es Hirata-Roshi übersetzte.

Aufbruch

Mein drittes Jahr im Kloster war gerade zu Ende gegangen, als ein Brief von unserem Hausarzt von Zuhause eintraf. Dort schilderte er mir, dass sich der Gesundheitszustand meiner Mutter sehr verschlechtert hat und sie im Sterben liege. „Sie wartet noch auf dich, bevor sie loslassen kann", schrieb der Arzt.

Hirata-Roshi hatte viel Verständnis und bemerkte lachend: „Ich glaube es ist jetzt auch eine gute Zeit nach Hause zurückzukehren, denn so langsam wirst du japanischer als die meisten Japaner."

„Bevor du gehst", fuhr der Meister fort, „will ich dir noch etwas mit auf den Weg geben. Du weisst ja, dass Tenryu-ji für seine Dharuma-Darstellungen bekannt ist, dem ersten Patriarchen des Zen. Und ich würde dir gern einen Dharuma malen, den du dann als Erinnerung mitnehmen kannst."

Ich war davon nicht so begeistert: „Das wäre wunderbar! Aber was mir am Tenryu-ji-Dharuma nicht so gefällt ist sein grimmiges Gesicht, das er auf allen Darstellungen trägt. Können Sie mir nicht einen lustigen Dharuma malen?", meinte ich etwas frech.

„Einen lustigen Dharuma gibt es nicht", brummte der Roshi und entließ mich.

Einige Tage später, als ich mich endgültig verabschiedete, überreichte er mir eine Schriftrolle, die wir dann gemeinsam entrollten: Dort war ein fast lustiger Dharuma abgebildet –

wahrscheinlich der einzige in der ganzen Geschichte von Tenryu-ji. Und daneben stand in der traditionellen chinesischen Schrift: *He-jo-shin-kore-do*. Und Hirata-Roshi übersetzte: „Das bedeutet ‚Dein alltäglicher Geist ist der Weg', du kennst das *Koan* dazu ja nur zu gut. Dieser Spruch soll dich immer daran erinnern und Ermutigung auf deinem weiteren Weg sein."

Abschied

Und natürlich wollte ich mich auch noch von meinem ersten Zenlehrer in Japan, Morinaga-Roshi, verabschieden. Ich hoffte sehr, dass er mir nach meinem Wechsel zu Hirata-Roshi noch wohlgesonnen war und vereinbarte telefonisch einen Termin.

Es war an einem Wochentag, als ich zur angegebenen Zeit im Daishu-in eintraf. Der Roshi begrüßte mich herzlich und lud mich und Ursula in seinen Teeraum ein, in dem ich vorher noch nie war. „Warum machst du uns nicht einen Tee?", sagte er. Wir schwiegen, bis wir beide eine Schale Tee zusammen getrunken hatten. Danach sagte mir Morinaga-Roshi: „Schön, dass du vor Deiner Rückkehr nach Deutschland noch vorbeigekommen bist. Du hast ja nun das große Glück, dass du zweifach ausgebildet bist – im Tee und im Zen. Wenn du wieder in Deutschland bist, wirst du feststellen, dass es nicht möglich ist, Zen oder Tee so zu übernehmen, wie du es hier gelernt hast. Hier hast du unter idealen Bedingungen studiert, und nun wirst du bald feststellen, dass Zen und Tee, so wie sie hier gelehrt werden, außerhalb von Japan viel zu schwierig zu verstehen sind. Du wirst viel improvisieren müssen.

Aber wenn es dir gelingt, Tee und Zen zu verbinden, hast du die ideale Kombination. Ich wünsche dir alles Gute – und melde dich wieder, wenn du zu Besuch nach Kyoto kommst!"

Damals glaubte ich Morinaga-Roshi nicht so ganz. Meine Idee war, zu Hause Zen und Tee „ganz authentisch", wie in Japan, zu vermitteln.

Wie hatte ich mich geirrt!

Deutschland

Griesget-Hof

Nach meiner Rückkehr wohnte ich zunächst in der Wohnung meiner Mutter, die kurz darauf verstarb. Nach der Auflösung der Wohnung lernte ich über Freunde den Dokumentarfilmer Herrmann Schlenker kennen. Er hatte gerade ganz in der Nähe oberhalb von Nussbach in einem ganz entlegenen Seitental einen Bauernhof als Seminarhaus ausgebaut. Er nahm mich freundlicherweise bei sich auf, und ich wurde zu einer Art Hausmeister, der sich um die Räumlichkeiten bei den stattfindenden Seminaren und gelegentlich auch um die Forellenteiche und die Damwild-Gehege kümmerte.

Vor allem im Winter liebte ich diese Abgeschiedenheit. Der Schnee verschluckte alle Geräusche und die Stille war so deutlich, dass Seminarteilnehmer, die aus der Stadt kamen, oft nicht schlafen konnten, weil es zu still war.

Wenn viel Schnee lag, lief ich mit den Langlaufschiern und mit Rucksack bis St. Georgen, um einzukaufen.

Früh morgens bahnte ich mir einen Weg durch den Schnee zur etwas entfernten Futterhütte im Gehege. Dort setzte ich mich oft auf einen Stein vor dem überdachten Unterstand, dick in meinen Parka eingemummelt und übte *Zazen*. Nur mein Gesicht war frei, und meine Hände lagen offen in meinem Schoß. Rehe sind ja sehr neugierig, und wenn ich längere Zeit völlig unbeweglich dasaß, kamen sie näher, um zu sehen, was da auf dem Stein sitzt. Es war ein wundervolles Gefühl, wenn die Rehe und Hirsche mit ihrem riesigen Geweih ganz nah vor mir standen und ihre feuchten Nasen an meinen Händen schnupperten. Die Stille und die Tiere – glücklicher hätte ich nicht sein können…

Einmal im Jahr führten wir im Griesget-Hof ein strenges Zen-*Sesshin* durch, das von Hirata-Roshi und den obersten Mönchen des Klosters Tenryu-ji geleitet wurde.

Ich war dabei meist für die Küche zuständig und schaute, dass im Hintergrund alles seinen geregelten Ablauf nahm.

In Kyoto ist es in den Rinzai-Klöstern nicht üblich, dass die Zen-Meister zusammen mit den Mönchen in der *Zendo* sitzen. Im Griesget-Hof war ich allerdings während der *Sesshin* oft so beschäftigt, dass ich keine Zeit hatte dem Roshi sein Essen auf das Zimmer zu servieren, wie es in Japan üblich ist. Ich bat ihn also mit uns gemeinsam zu essen, was er auch gern tat. Ansonsten war er für die Lehrvorträge und Einzelunterweisungen zuständig, für die er mehrmals am Tag zur Verfügung stand. Für die Teilnehmer war dies sehr angenehm, da der Meister ja gut Deutsch sprach.

Eines Nachmittags brachte ich Gemüsereste aus der Küche zur etwas entfernten Damwild-Futterstelle, als ich Hirata-Roshi direkt am Zaun des Geheges im Gras sitzen sah, und er ganz ruhig die Rehe beobachtete.

Ich setzte mich neben ihn, und eine Weile schwiegen wir, bis der Meister schließlich sagte: „Dies ist das erste Mal in vielen Jahren, dass ich ganz frei bin – keine Verpflichtungen, keine Verabredungen, keine Vorlesungen – ein wundervolles Gefühl, das ich fast vergessen hatte.

Seit ich hier bin, kann ich diese neu gewonnene Freiheit richtig genießen."

Täglich gab es zwei Stunden harte körperliche Arbeit als Ausgleich zum langen Sitzen. An einem Nachmittag setzten wir die Wasserablaufgräben an den Seiten der unbefestigten Straße zum Griesget-Hof in Stand. Hartmut, einer der kräftigsten und stämmigsten Teilnehmer, grub sich mit Pickel und Schaufel weit tiefer ins Erdreich als es nötig gewesen wäre. Der oberste Mönch, Kun-san, beobachtete Hartmut mit steigendem Interesse, wie sich dieser mit großem Eifer durch das harte Erdreich wühlte: „Do you want to dig your own grave?", fragte er scherzhaft, und Hartmut antwortete ganz gelassen: „Yes!"

Bei einem Sesshin kam einer der Teilnehmer mit seinem Porsche zum Griesget-Hof. Das war für die japanischen Mönche eine kleine Sensation, denn ein Porsche in Japan ist unerschwinglich. Am Abreisetag schlich einer der Mönche dauernd um den Porsche und begutachtete ihn von allen Seiten. „Darf ich mich mal reinsetzen?", fragte er. „Ja, natürlich", antwortete der Besitzer, „und hier ist der Schlüssel – wenn du willst kannst du eine Runde drehen". Der Mönche konnte sein Glück kaum fassen und fuhr mit dem Auto davon. Ich hatte ein wenig Bedenken, denn dies war sicher das erste Mal, dass der Mönch einen Porsche fuhr und außerdem war er ja den Rechtsverkehr bei uns nicht gewohnt. Aber nach einer halben Stunde kehrte der Mönch samt Porsche wohlbehalten zurück.

Noch Jahre später, immer wenn ich Tenryu-ji besuchte, nahm mich der Mönch jedes Mal beiseite: „Weißt Du noch… der Porsche…!“

Detlef und Ingrid

Im Griesget-Hof traf ich auch zum ersten Mal auf Detlef. Er hat unsere erste Begegnung selbst so beschrieben:

> *Die erste Begegnung mit Ulrich ergab sich für mich eher zufällig. Der Stuttgarter Zen-Kreis um Edgar Thriemer hatte sich mit Ayya Khema überworfen. Das von den Stuttgartern mit Unterstützung von Silvius Dornier gegründete Buddha-Haus bei Isny im Allgäu kam als freier Übungsort für sie nicht mehr in Frage. Sie suchten einen neuen Platz für ihre Sesshin, die von Genro, ei-*

nem Wiener Schüler von Sasaki Roshi, geleitet wurden. Ich schlug ihnen den Griesget-Hof vor, den ich von anderen Kursen kannte. Wir trafen uns einige Tage später in St. Georgen und fuhren rauf in das Quellgebiet des Nussbach, wo der einsame Hof lag, den ein Ethno-Filmer aus Königsfeld aufgekauft, umgebaut und für Seminare eingerichtet hatte. Die Seminare realisierten sich nicht; nur in der großen Sitzhalle, dem ehemaligen Heuboden des Schwarzwälder Bauernhauses mit tief herab gezogenem Dach, kündeten viele Kultfiguren aus Papua-Neuguinea noch vom einstigen Vorhaben.

All dies war für die neugierigen Sucher aus Stuttgart noch nicht zu erkennen. Was sie vielmehr sahen war ein silberfarbiger VW-Bus, der zum mobilen Tee-cum-Zen Habitat ausgebaut war. Ein gut dreißigjähriger Mann in lockerer grauer Kleidung machte sich darin zu schaffen. „Ja“, hieß es, „geht nur rein, es ist alles offen. Ich kann Euch leider nicht führen, weil ich mich um die Vorbereitungen für ein Tee-Seminar kümmern muss.“ Ein Tee-Seminar, das interessierte die Zenner nicht. Sie wollten wis-

sen, wie viele Teilnehmer im Haus bequem unterkommen könnten, wie die Küche eingerichtet sei und weitere praktische Details, auf die Übende in einem Sesshin angewiesen sind.

Leider habe ich mich damals nicht um die winzige Einliegerwohnung gekümmert. Sie lag versteckt im Erdgeschoss. Dort wohnte Ulrich damals, wenn er nicht in Sachen Tee mit dem VW Bus etwa ins Lindenmuseum nach Stuttgart zum Unterricht unterwegs war. Er soll dem Vernehmen nach aber auch dort gelegentlichen Besuchern eine Schale Tee geschlagen haben. Der Raum war drei Tatami groß – danke, das genügt.

Detlef und seine Frau Ingrid wurden später zu guten Freunden. Und Detlef war bis zu seinem Tod im Januar 2018 ein wunderbarer Mentor und vertrauter Wegbegleiter.

Stuttgart

Durch Herrmann, dem Eigentümer des Griesget-Hofs, erhielt ich eine Empfehlung für das Linden-Museum in Stuttgart. Ein großer Teil der ethnologischen Kostbarkeiten, die der Dokumentarfilmer von seinen Reisen mitgebracht hatte, fanden ihren Platz in den Sammlungen des Museums. Sowohl der damalige Direktor, wie auch der Kurator für Ostasien, waren große Japan-Freunde, so dass ich offene Türen fand. Sie unterstützten sofort meine Pläne im Museum Teeunterricht anzubieten. Nachdem wir mehrere unterschiedliche Räume im Museum durchlaufen hatten, erhielten wir schließlich im zweiten Stock, direkt neben der Japan-Abteilung, eine kleine Plattform mit Bodenmatten, wo wir üben konnten.

Bis heute gibt es noch Weggefährten, die damals mit mir den Unterricht im Linden-Museum begonnen haben. In den Jahren darauf wechselten die Direktoren, und der Kurator für Ostasien ging in den Ruhestand. Von den städtischen Kürzungen im Kulturbereich, war leider auch das Linden-Museum betroffen, so dass immer strengere finanzielle Maßstäbe galten. Auch wir konnten die nun verlangte Miete nicht aufbringen und verlegten unsere kleine Teegruppe zunächst in Cornelias Teeraum nach Rottenburg und schließlich nach Tübingen, wo mein langjähriger Teefreund und Wegbegleiter

Hans, inzwischen selbst schon Teelehrer, das obere Stockwerk seiner Büroräume zur Verfügung stellte, und wo nach und nach auch ein authentischer japanischer Teeraum entstand.

Rom

Neben dem Teeunterricht im Linden-Museum in Stuttgart gab es gelegentlich auch Einführungen in den Teeweg oder Wochenend-Seminare im Griesget-Hof.

Da wurde ich oft unterstützt durch meine Kollegin Michiko Nojiri-Sensei. Wir hatten uns schon während meiner Zeit in Japan näher kennengelernt. *Chazen-ichimi* – „der Geschmack von Tee und Zen ist Eins", war immer der gemeinsame Gedanke, der uns beide bis heute trägt.

Um mehr über die Art des Unterrichtens im Westen zu lernen, flog ich in den ersten Jahren nach meiner Rückkehr aus Japan, öfter nach Rom, um Michiko-Sensei zu besuchen. In diesen Zeiten durfte ich bei ihr im *Centro Urasenke* wohnen. Da ich vorher noch nie in Rom gewesen war, habe ich vormittags die Stadt erkundet, bevor ich dann am Nachmittag und Abend am Unterricht teilnahm. Dies waren sehr fruchtbare Tage für mich, und eine neue Welt des Tees tat sich mir auf durch die Persönlichkeit meiner Gastgeberin und ihre tiefe Hingabe zum Teeweg.

Morgens begleitete ich Michiko-Sensei oft bei ihren Besorgungen; dabei waren wir meist mit ihrem kleinen Fiat 500 unterwegs. An die römische Fahrweise musste ich mich allerdings erst gewöhnen, und meist lachte Sensei laut, wenn ich anfing ein Sutra zu rezitieren und sie darauf aufmerksam machte, dass ich den Tag ganz gern noch lebend überstehen wollte. Auf den täglichen Märkten in der Umgebung des Tee-Zentrums kauften wir – wie alle Italiener – morgens auch die frischen Zutaten für unser Abendessen ein. Und nach dem Unterricht, meist spät abends, zauberte Michiko-Sensei einfache, absolut köstliche italienische Mahlzeiten, die wir gemeinsam genossen. Und nicht selten gingen unsere Unterhaltungen bis spät nach Mitternacht.

Es war eine wundervoll lehrreiche und unbeschwerte Zeit, die ich zusammen mit Michiko-Sensei in Rom verbringen durfte.

München

Gleichzeitig begann ich – im Wechsel mit meinem Düsseldorfer Kollegen Kuramoto-Sensei – in München zu unterrichten. Das Teehaus war mir ja schon von meinem Unterricht mit Kawasaki-Sensei vor vielen Jahren vertraut. Ich habe an meine Zeit in München viele wunderbare Erinnerungen. Oft wohnte ich gar nicht im Hotel, um Kosten zu sparen, sondern wurde von einem der Teefreunde, Ferdinand, gastfreundlich aufgenommen. Ferdinand führte mich in das Münchener Nachtleben ein, und ich erinnere mich an viele wunderbare Begegnungen, zum Beispiel mit der Schauspielerin Marianne Sägebrecht („Out of Rosenheim") oder dem Filmregisseur Josef Vilsmaier und anderen Münchner Persönlichkeiten. Später eröffnete Ferdinand mit seinen japanischen Freunden das *Nomiya*, ein „japanisch-bayrisches Trinklokal", wie Ferdinand es nannte.

Der Zeit in München verdanke ich aber vor allem eine sehr lehrreiche Begebenheit, die mein Leben als Teelehrer entscheidend beeinflusst hat.

Natürlich erinnerte ich mich daran, dass mir Morinaga-Roshi schon prophezeit hat, dass ich den Tee- und Zen-Weg in Deutschland nicht wie in Japan unterrichten könnte. Aber ich hatte diesen Ratschlag nicht beherzigt.

Ich hatte ja in Japan unter absoluten Idealbedingungen studiert, und als ich in Deutschland mit dem Unterricht begann, dachte ich natürlich, dass ich alles besser weiß. Diese unerträgliche Besserwisserei bemerkte ich gar nicht und wurde zu einem richtigen Vollidioten und Ignoranten. Ich behandelte meine Schüler von oben herab und vergaß so alles Wichtige, was ich im Teeweg gelernt hatte.

Eines Tages – ich glaube, es war bei einer Übungs-*Chaji* – trat dies sehr deutlich zu Tage. Ich behandelte die Gäste so unhöflich, besserwisserisch, ungeduldig und penetrant, dass mir einige Tage später ein Brief ins Haus flatterte. Darin erklärte mir einer der japanischen Teefreunde wie unerträglich und unverschämt mein Verhalten war, das ich an den Tag gelegt hatte.

Dieser Brief war ein unglaublicher Schock für mich. Zuerst war ich verärgert – was fällt diesem Schreiber ein! Aber es muss wohl doch noch ein Rest Vernunft vorhanden gewesen sein, denn der Ärger wich einer großen Traurigkeit. Fast in Selbstmitleid badete ich mein Unvermögen. Es dauerte eine ganze Weile bis ich begriff, dass ich meinen so wertvollen Anfängergeist völlig verloren hatte, und dass es nun an der Zeit war, mich zu ändern.

Der Brief dieses japanischen Teefreundes hing jahrelang immer über meinem Schreibtisch als ständige Ermahnung. Und bis heute bin ich ihm dafür dankbar, dass er mir gerade noch rechtzeitig die Augen geöffnet hat.

London

Schon während meiner Studienzeit in Japan lernte ich meinen einzigen anderen nicht-japanischen Kollegen in Europa bei einem seiner Besuche in Kyoto kennen. Und als ich dann begann im Auftrag des Großmeisters in Deutschland zu unterrichten, fand ich bei Michael in London viel Unterstützung.

Ich reiste in dieser Zeit nicht nur öfter nach Rom, sondern flog auch gelegentlich nach London, um Michael in seinem Bungalow in Greenwich zu besuchen. Wenn nicht gerade Unterricht stattfand, machten wir ausgedehnte Spaziergänge im Greenwich-Park, zusammen mit Lucky, Michaels Hund.

Durch Michael lernte ich auch die berühmten englischen Landschaftsgärten, wie zum Beispiel „Sissinghurst Castle“ und „Kew Gardens“ kennen. Wir besuchten Teefreunde in Bath und anderen Städten, in denen Michael unterrichtete.

Und ich erinnere mich an einen völlig verregneten Samstagnachmittag, der uns ans Haus fesselte. Es war schon dämmrig draußen, als Michael meinte: „Ich habe heute Post aus Japan bekommen. Du könntest dir den neuen Rikyu-Film von Hiroshi Teshigahara anschauen, während ich einige andere Dinge erledige. Der Film hat englische Untertitel, es sollte als kein Problem sein, alles zu verstehen.“

Ich hatte schon von diesem ersten Film über Rikyu, den Vollender des japanischen Teewegs, gehört und war natürlich sehr gespannt. Draußen wurde es immer trüber, und ich versank in Michaels Wohnzimmer ganz am Ende des langen Korridors in die Teewelt des 16. Jahrhunderts in Japan.

Ich merkte gar nicht, wie die Zeit verging, und am Ende des Films war ich doch sehr bewegt. Ich stand langsam auf und wollte in die Küche gehen, um mir etwas zum Trinken zu holen. Als ich die Tür öffnete, war der ganze Korridor mit Kerzen beleuchtet, und ich folgte ihnen bis in den Teeraum, in dem Michael saß. Er hatte auf mich gewartet und meinte: „Komm' setz' Dich und trinke einen Tee mit mir!"

Ich war noch gar nicht wieder im zwanzigsten Jahrhundert angekommen, so hatte mich der Film in seinen Bann gezogen. Und Michael erwartete mich zu einer Schale Tee – was für ein wunderbarer Nachmittag!

Michael war ein wahrer *Chajin* – ein Teemensch.

Miriam

Inzwischen war im Griesget-Hof ein kleiner Drei-Matten Teeraum entstanden. Als Pfosten für die Bildnische, das zentrale architektonische

Element eines Teeraums, wählte ich eine Birke aus dem nahegelegenen Wald. Ich mochte diesen kleinen Raum sehr, denn durch das einzige Fensterchen drang nur wenig Licht in Innere – fast wie in Japan.

Eines Tages erhielt ich den Anruf eines Freundes aus Freiburg: „Meine Schwester kommt gerade von einem Seminar mit einer sehr interessanten Frau aus Israel zurück. Und morgen kommen mich beide besuchen, bitte komm‘ auch dazu und mach‘ uns eine Schale Tee."

Ich fuhr also nach Freiburg und wurde einer älteren, kleinen Frau, Miriam Goldberg aus Israel, vorgestellt. Später erfuhr ich, dass sie sich immer anlässlich der „Lindauer Psychotherapiewochen", bei denen sie referierte, in Deutschland aufhielt. Sie war die Begründerin der „Konzentrativen Bewegungstherapie", in die auch das Wissen ihrer Lehrer Elsa Gindler und Moshe Feldenkrais einflossen.

Miriam hatte nach dem Tod ihres Mannes in Israel mit *Zazen* begonnen und war sehr an Japan und auch meinem Werdegang dort interessiert. Als sie hörte, dass ich einen kleinen Teeraum im Schwarzwald hatte, war sie begeistert und wollte mich unbedingt dort besuchen.

Zwei Tage später kam Miriam zum Griesget-Hof und ich lud sie in den kleinen Teeraum ein. Schweigend folgte sie der Zubereitung und trank den Tee ohne ein Wort zu sagen.

Danach saßen wir noch eine Zeitlang im Teeraum zusammen, bis Miriam sich plötzlich ganz gerade aufrichtete und fragte: „Warst du schon einmal in Israel?“ „Nein“, sagte ich. „Möchtest du denn gern kommen?“, fuhr sie fort. Ich nahm das Ganze nicht so ganz ernst und sagte völlig unbedarft: „Ja, warum nicht?“.

Da öffnete Miriam ihre Tasche, holte eine Börse heraus und zählte mehrere Hundertmark-Scheine auf die *Tatami*. „Das ist für dein Flugticket – wann hast Du Zeit?“ Wir holten beide unsere Kalender hervor und legten einen Termin für meine Reise fest.

Eine Viertelstunde später war Miriam schon wieder auf dem Rückweg nach Freiburg, und ich blieb etwas ratlos zurück, weil ich mich fragte, was da gerade passiert ist, und ob ich das auch wirklich wollte.

Israel

En Ha'Emeq

Als ich meine erste Reise nach Israel antrat, tat ich das mit ziemlich gemischten Gefühlen. Was wird mich erwarten als Deutscher in Israel? Das begann schon am Flughafen in Stuttgart. Ganz ungewohnt wurden wir Flugreisenden nach Israel in einen anderen Terminal umgeleitet, abseits der anderen. Wir mussten eine Art Kreuzverhör durch zwei verschiedene Personen über uns ergehen lassen. Diese setzten sich dann anschließend zusammen und suchten Widersprüche in unseren Antworten. Jede Zahnpastatube wurde geröntgt und jedes Buch genau durchgeblättert, anschließend die Koffer auf einen doppelten Boden kontrolliert. Kein Wunder, dass wir Stunden vor Abflug erscheinen mussten.

Nach einem guten Flug landete ich in Tel Aviv, wo ich von Miriam mit dem Auto abgeholt wurde. Sie nahm die Straße am Meer entlang nach Norden, und kurz vor Haifa bogen wir ab nach En Ha'Emeq, am Fuss des Carmel-Gebirges.

Miriams Seminarhaus lag am Ende des Dorfes, in dem hauptsächlich jüdische Kurden und Palästinenser in friedlicher Koexistenz leben.

Ich hatte eigentlich erwartet, dass man mir als Deutschem in Israel sehr reserviert oder gar feindlich begegnen würde, aber das komplette Gegenteil war der Fall.

Im Dorf gab es zwar einen kleinen Supermarkt, in dem man das Nötigste kaufen konnte, aber die frischen Sachen gab es im eigenen Garten. Was nicht im Garten wuchs, holte man sich bei den Nachbarn. Ich liebte es, morgens durch das Dorf zu bummeln und in die Gärten zu schauen. Und wenn ich einen schönen Blumenkohl entdeckte, ging ich ins Haus, und fragte danach.

Einmal in der Woche trafen sich zwei alte Frauen in einer, an zwei Seiten offenen, Hütte am Dorfrand, um Brot zu backen. Das war einer meiner Lieblingsorte, und aus zwei unbekannten Frauen wurden Freundinnen, obwohl ich weder Hebräisch noch Kurdisch sprach, und sie kein Deutsch oder eine andere Fremdsprache. Sie backten immer für das ganze Dorf, zuerst das große, ganz dünne Fladenbrot, das für den Vorrat war, denn es musste vor Gebrauch nur befeuchtet werden, dann war es wieder wie frisch und man konnte alles darin einwickeln, was man essen wollte. Danach kamen die *Pita*, kleine Fladenbrote. Den Teig hatten sie schon Zuhause vorbereitet und über einem offenen Feuer gab es eine große gewölbte Eisenplatte, auf der die Brote goldbraun gebacken wurden. Mein liebstes Frühstück waren noch warme *Pita*, die die Frauen mit frischem Schafskäse füllten – ich habe selten etwas so Köstliches gegessen – die einfachen Genüsse sind manchmal wirklich auch die besten.

Schlenderte ich nach einem anstrengenden Seminartag durchs Dorf, um mir noch etwas die Beine zu vertreten, kam ich oft nicht sehr weit. Das Leben spielte sich dort im Freien ab, und abends saßen die Familien im Garten, oft vier Generationen an einem riesigen Tisch. Hatten sie mich bei einem meiner Spaziergänge entdeckt, wurde ich meist gebeten, zu ihnen zu kommen. Ein Platz wurde freigeräumt und ich wurde gastfreundlich bewirtet. Manchmal konnte einer der Jüngeren Englisch, so das wir uns verständigen konnten. Oft kam ich erst spät nach Hause und fiel todmüde ins Bett.

Miriams Schwester lebte im Kibbuz Hazorea, den wir öfter besuchten, weil er ganz in der Nähe lag. Hazorea ist durch die Herstellung spezieller landwirtschaftlicher Folien ein relativ reicher Kibbuz. Die sehen wir auch hier in Deutschland oft auf den Feldern. Diese Folien sind einzigartig, weil sie unter Einfluss des UV-Lichtes von selbst rückstandsfrei verrotten.

Der Kibbuz hat einen großen Veranstaltungsraum, in dem ich auf der Bühne auch einmal eine Teevorführung durchgeführt habe. Daraufhin wurde ich oft von ehemaligen Deutschen, die im Kibbuz wohnten eingeladen, was für mich anfangs fast unverständlich war. Diese Holocaust-Überlebenden laden mich, einen Deutschen, zum Essen und zum Gespräch ein?

Ich erinnere mich an eine alte Dame, die mir, umgeben von ihren Enkeln und Urenkeln, von Ihrer Heimat Frankfurt vor dem Krieg erzählte. Und als sie hörte, dass ich auch monatlich in Frankfurt im damaligen *Ikebana*-Zentrum unterrichtete, bat sie mich bei meinem nächsten

Besuch doch einmal nachzuschauen, ob ihr Elternhaus noch steht.

Bei meinem nächsten Frankfurt-Seminar habe ich das Haus auch gefunden – es stand noch. Ich klingelte im zweiten Stock und erzählte den dortigen Mietern, dass dies die Wohnung einer befreundeten jüdischen Familie war, und ob ich einige Fotos machen dürfte. Als ich diese Fotos dann einen Monat später mit nach Israel nahm, wartete die alte Dame schon ungeduldig auf mein Kommen. Sie nahm die Fotos in die Hand: „Es sieht noch genauso aus wie ich es als Kind in Erinnerung habe, sogar die Zimmer, wenn auch natürlich mit anderen Möbeln...“, und Tränen liefen über ihr Gesicht während sie die Fotos an ihre Brust drückte.

Ein Jahr später erzähle sie mir, dass sie inzwischen versucht habe, nach Deutschland zu reisen, um vor ihrem Tod nochmals ihre alte Heimat zu sehen. Sie hatte schon das Flugticket gekauft, als einen Tag vor ihrer Abreise zwei große Reisebusse im Kibbuz eintrafen. Da die deutschen Touristen angekündigt waren, ging auch sie mit anderen zum Parkplatz, um die Gäste willkommen zu heißen. „Ich hatte mich so auf die Besucher gefreut, vielleicht war ja jemand aus Frankfurt dabei! Aber als ich plötzlich diese beiden großen Gruppen von Deutschen sah, bekam ich Angst. Und als ich die lauten Kommandos der Reiseleiter in deutscher Sprache hörte, begann ich zu zittern, und meine Freunde mussten mich nach Hause bringen - ich hatte solche Angst...“. Sie hat ihre Heimat nicht mehr gesehen – ihre Kindheitserinnerungen und meine Fotos sind die einzige Verbindung geblieben.

Nach kurzer Zeit hatte sich die Nachricht verbreitet, dass ich bei Miriams Seminaren das *Zazen* leitete und auch kleine Wochenend-*Sesshin* abhielt. Und es kamen auch einige von den früheren Schülern von Soen Nakagawa-Roshi, der – zusammen mit Nyogen Senzaki – Zen nach Amerika gebracht und auch die *Zendo* in Jerusalem gegründet hatte, die damals im orthodoxen jüdischen Umfeld eher im Verborgenen existierte. Es war eine sehr fruchtbare Zeit.

Nachdem einmal der Anfang gemacht war, reiste ich drei- bis viermal im Jahr nach Israel, meist für ein bis zwei Monate. Miriam richtete im Obergeschoss des Seminargebäudes einen kleinen Teeraum mit schrägen Wänden ein, und

Urasenke stiftete ein einfaches Set mit Teegeräten.

Viele von ihren Freunden konnten nur schwer verstehen, dass Miriam begonnen hatte, die Teezeremonie zu erlernen. Sie war eine sehr selbständige Frau, die sich nicht gern in ein Schema pressen ließ. Und hier, beim Teeunterricht, folgte sie brav den Anordnungen ihres Lehrers. Aber sie tat die Einwände ihrer Freunde zur Seite: „Das ist meine geriatrische Übung!"

Zur gleichen Zeit entstand ein Kontakt zum Israel-Museum in Jerusalem mit seiner exquisiten Japan-Sammlung. Und durch die Empfehlung von Urasenke traf ich in Jerusalem an der Hebrew University den Japanologen Professor Zwi Werblowsky.

Zwi

Professor Werblowsky war in den Dreißigerjahren von Frankfurt nach Israel ausgewandert. Seine Studien hatten ihn nach Japan und in verschiedene andere Länder geführt, bevor er begann, an der Jerusalemer Universität zu lehren.

Für unser erstes Treffen lud er Miriam und mich in sein Haus ein.

Zuerst fanden wir das wirklich kleine und bescheidene Häuschen fast nicht. Glücklicherweise konnte sich Miriam durchfragen, so dass wir mit etwas Verspätung eintrafen.

Der Professor führte uns in sein Büro, weil es der einzige Raum im Häuschen war, der eine japanische Bildnische hatte. Der Raum war ein einziges Chaos, fast wie eine Karikatur – eben ganz so, wie man sich das Arbeitszimmer eines zerstreuten Professors vorstellt. Nicht nur auf dem Schreibtisch türmten sich die Papiere, sondern es gab auch keinen freien Platz zum Sitzen, überall Stapel mit Büchern und Ordnern.

Einzig die Bildnische war frei – darin hing eine Schriftrolle von Soen Nakagawa-Roshi. „Er war mein Zen-Lehrer", sagte Professor Werblowsky, und auch Miriam hatte den Verfasser aus seiner Zeit in Jerusalem sofort erkannt. Die Schriftzeichen kannte ich nur zu gut: *He-jo-shin-kore-do* – „Dein alltäglicher Geist ist der Weg". Im Angedenken an Soen- und Hirata-Roshi, der mir ja die gleichen Worte auf meine Rolle geschrieben hatte, zündeten wir ein Räucherstäbchen an und rezitierten das Herz-Sutra.

Und Professor Werblowsky wollte uns einen Tee zubereiten. Er hatte ein Tablett mit Teegeräten und eine Thermoskanne mit heißem Wasser vorbereitet. Aber wo sitzen? Es war rührend anzuschauen, wie der schon über Siebzigjährige mühsam unter seinen Schreibtisch kroch, sich drehte und die Teegeräte vor sich stellte. Wir nahmen am Boden auf dem einzigen noch freien Platz vor dem Schreibtisch Platz.

Der Professor erinnerte sich nicht mehr an die Form, die er wohl vor vielen Jahren einmal in Japan erlernt hatte. Dennoch vergaßen Miriam und ich das Büro um uns herum ziemlich schnell und gaben uns ganz der Teezubereitung hin. Ganz ohne eine erkennbare Form, war es ein Tee von Herz zu Herz. Wie berührend, dass sich dieser großartige Mann auf die Knie quälte, um uns einen Tee zuzubereiten. Was für ein köstlicher Tee in wahrer Gastfreundschaft und Demut!

Wir drei verstanden uns so gut, dass wir uns schon beim anschließenden Mittagessen im benachbarten Restaurant duzten – und die enge

Freundschaft zu Zwi hielt bis zu seinem Tod in Jahr 2015.

Einige Jahre zuvor erhielt ich eines Tages einen Brief von Zwi. Dort schilderte er mir, dass er sich nun immer mehr zurückziehen würde. Aber vorher wollte er noch seine Teegeräte weitergeben „bevor sie meine Erben auf den Sperrmüll werfen", wie er schrieb. Er hatte eine große Holzkiste gepackt und wollte mir alles nach Deutschland schicken. „Bitte verkaufe meine Teegeräte an Deine Teefreunde. Der Verkauf sollte gerade so viel abwerfen, dass die Frachtkosten gedeckt sind."

Nach einigen Wochen traf die große Holzkiste hier ein, und wir veranstalteten eine kleine Auktion. Viele Teefreunde kamen, und all die Teegeräte fanden ihr Plätzchen. Und ich war sehr froh, dass ich Zwi anschließend die Frachtkosten in voller Höhe überweisen konnte.

Eine Schale war als Geschenk eingepackt mit einem kleinen Schreiben an mich und einer Expertise. Als ich die Schale auspackte, war ich erstaunt. Darin befand sich eine wunderschöne chinesische Seladon-Schale. „Diese Schale habe ich vor vielen Jahren vom Direktor des Indonesischen Nationalmuseums bekommen, als ich dort einen Vortrag hielt. Die Schale stammt aus einem chinesischen Schiff aus der Tang-Zeit, dass vor der Küste Indonesiens Schiffbruch erlitten hatte und erst in der Neuzeit gehoben wurde. Das Museum erhielt damals einige der Schätze, die in dem Schiff gefunden wurden. Lieber Freund und Teebruder, diese Schale ist mein Dank an dich und auch dafür, dass du dich um meine Teegeräte gekümmert hast, so dass sie weiterhin benutzt werden können."

Und nun war Zwis kostbare Teeschale also bei mir gelandet. Wir verwenden sie hier öfter bei höheren Formen der Teezubereitung, und ich freue mich jedes Mal und denke dabei dankbar an meinen Freund und Teebruder Zwi.

Chava

Bei einem meiner Besuche in Miriams Seminarhaus, ging es mir schon seit einiger Zeit nicht mehr gut. Ich hatte große Probleme mit dem Sitzen am Boden und auch mit meinem Rücken.

Miriam kümmerte sich rührend um mich und führte mich nach und nach an das Zentrum der Schmerzen, so dass ich sie klar verorten konnte. Und ich lernte von ihr, wie ich mich bewegen sollte, ohne Schmerzen zu verspüren.

„Morgen kommt Chava, eine gute Freundin von mir, zu Besuch. Ich werde sie fragen, ob sie ein wenig mit dir arbeiten kann", sagte Miriam ein paar Tage später.

Nach dem Nachmittagstee lud mich Chava ein: „Komm, wir gehen in Miriams Zimmer, wo wir etwas Ruhe haben, und ich schaue mir deinen Rücken an." Sie legte mich auf eine nicht sehr bequeme Holzpritsche und begann meine schmerzenden Gliedmaßen zu bewegen. „Entspann dich, sonst kann ich nicht arbeiten – du musst gar nichts tun, gib dich ganz meiner Führung hin."

Chava arbeite volle zwei Stunden, bewegte meine Beine, Arme, meinen Rücken in einer ganz bestimmten Form – sanft, aber dennoch intensiv. Danach war mein Körper wie verwandelt. Völlig schmerfrei schien er über dem Boden zu schweben. Und ich musste mich dauernd mit tänzelnden Schritten bewegen und konnte gar nicht mehr stillstehen. Chava lachte: „Ja, so ist das oft nach einer Behandlung, dein Körper ist jetzt ganz frei!"

Ich erfuhr erst später, dass Chava die Nachfolgerin von Moshe Feldenkrais ist. Als sie einige Jahre später ein großes Feldenkrais-Zentrum im Rheinland eröffnete, lud sie mich und meine Frau Susann zu einem Wochenend- Seminar ein. Die Bewegungen, die wir lernten sind sehr sanft, aber am Ende des Tages waren wir beide so erschöpft, dass wir nach dem Abendessen sofort eingeschlafen sind.

Diese Therapieform hat sich bei mir sehr positiv ausgewirkt. Und obwohl ich etwa einen Monat nach Chavas Behandlung in Israel wieder in alte Bewegungsmuster zurückfiel, sind die Schmerzen in dieser Form bis heute nie mehr aufgetreten.

Nach einem der strengeren Wochenend-*Sesshin* mit Miriams Gästen aus Deutschland, saßen wir alle noch zusammen, und ließen das Seminar nochmals am inneren Auge vorüberziehen. Und an einen Satz an diesem Abend kann ich mich noch gut erinnern. Natürlich ist *Zazen* anstrengend und auch mühsam. Aber eine der Teilnehmerinnen hat es aus tiefstem Herzen in breitestem Schwäbisch wirklich auf den Punkt gebracht: „Uli, des ka omöglich g'sond sei!"

Es ist eigenartig, dass man sich manchmal an sehr kleine Begebenheiten oder Worte erinnert. Miriams Deutsch war gelegentlich recht lustig, weil sie natürlich meist hebräisch oder arabisch sprach. Eines meiner Lieblingsworte von ihr war zum Beispiel „Gewissensgebisse", oder auch „Uli, hol' mir doch bitte ein Glas warmes Wasser, aber heiß muss es sein!".

Und manchmal war sie eine wunderbare Lehrerein, die mich immer wieder bei Nachlässigkeiten und Eitelkeiten ertappte. Einmal saßen Miriams Gäste noch im Garten zusammen, während ich das Geschirr abspülte. Als ich nach einiger Zeit wieder in den Garten kam, sagte ich: „Ich habe schon mal das Geschirr abgewaschen!" und Miriam antwortete mit einem Schmunzeln: „Ulrich, möchtest du ein Lob?"

Ertappt...

Einsiedelei

Nach einem Seminar im Kibbuz Ein Gedi am Toten Meer und meinem ersten Besuch von Massada, dieser beeindruckenden Palastfestung des Herodes, wollte ich unbedingt noch weiter in die Wüste Negev. Seit meiner Zeit in Nordafrika ziehen mich Wüsten magisch an. „Ich habe Freunde in der Nähe von Be'er Scheva, ich habe sie lange nicht gesehen", ging Miriam auf meine Bitte ein. Aber wir hielten uns dort nur für einen kleinen Kaffee auf und fuhren weiter zu einem kleinen Dorf mit nur wenigen kleinen Häuschen. Am Rande des Dorfes hielt Miriam vor einer ziemlich heruntergekommenen Hütte, die zunächst unbewohnt aussah. „Hier wohnt eine gute Freundin von mir – du musst sie unbedingt kennen lernen", meinte Miriam und klopfte an die Tür. Eine etwa achtzigjährige Frau öffnete. Sie hatte ein sehr feines Gesicht mit unendlich vielen Lachfalten um die Augen. Die beiden Frauen begrüßten sich lange und tauschten die letzten Neuigkeiten aus. Ich hatte das kleine Kästchen mit den Teeuntensilien dabei, und bereitete uns erst einmal eine Schale Tee zu, die wir Drei teilten. Miriams Freundin war sehr an der Teezeremonie interessiert und wollte alles darüber wissen. „Wie bist du denn dazu gekommen? Das ist doch eher ungewöhnlich", übersetzte Miriam. „Und wenn ich das richtig verstehe, ist Zen und wohl auch die Teezeremonie eine Art geistiger Weg", fuhr die alte Dame fort. „Hast du diesen Weg gewählt, um über deine traurige Kindheit hinwegzukommen?"

„Wieso fragte sie so etwas, was kann sie über meine Kindheit wissen?", wollte ich von Miriam wissen. Und Miriam stellte ihr einige Fragen, die sie auch mit Hilfe von Miriams Übersetzung gleich ganz klar beantwortete: „Du hattest eine eher traurige Kindheit, nur einmal, als du krank warst, hattest Du eine ganz kurze glückliche Zeit in völliger Freiheit."

Wie konnte das sein? Sie erzählte mir das gleiche, was mir der Shinto-Priester in Japan über mich erzählt hat. Durch ihn habe ich mich ja erst wieder an meine Masern und die damit verbundene glückliche Schulfreiheit erinnern können. Und leider auch an meine schrecklichen Jahre im Internat.

„Eines Tages wirst du dich an alles erinnern und du wirst lernen damit umzugehen", meinte sie noch, bevor wir uns anderen Dingen zuwendeten.

Der Schochet

Wenn ich in Israel mit dem Auto unterwegs war, traf ich immer wieder auf Menschen, die trampten. Und es ist üblich, Tramper auch mitzunehmen. Vor allem junge Menschen im Militärdienst sind oft in Uniform und mit Gewehr unterwegs. Einmal nahm ich einen jungen Soldaten mit, der gut Englisch sprach. Sein Schnellfeuergewehr hielt er während der Fahrt zwischen seinen Knien. So schwere Waffen so nah waren mir nicht so ganz geheuer, und ich versuchte die Atmosphäre mit einem Scherz zu entspannen: „Ist die auch geladen?“, fragte ich ihn. Er schrie mich an: „Stop the car – NOW!“ Und draußen war er. Später erklärte mir Miriams Nichte, die auch gerade ihren Militärdienst absolvierte, dass mein vermeintlicher Scherz keine gute Idee war. „Hier versteht man diesbezüglich keinen Spaß, und natürlich war die Waffe geladen, wir sind im Krieg, das müsstest Du inzwischen gemerkt haben!“

Ein anderes Mal nahm ich kurz vor Ein Ha'Emeq einen Herrn mit, der einen ganz abgewetzten Kaftan trug, in der Hand einen eleganten Lederkoffer, wie ihn Manager tragen, wenn sie ins Büro gehen. Der Kontrast machte mich neugierig, aber wir konnten uns nur mit Händen und Füßen unterhalten, da er nur Arabisch und Hebräisch sprach. Da Miriam in ihrem Seminarhaus in Ein Ha'Emeq immer wieder ausländische Gäste hatte, war er nicht weiter überrascht, dass ich aus Deutschland kam. Miriam kannte er natürlich, jeder kannte Miriam in der Umgebung. Bei einem Haus am Dorfanfang bat er mich anzuhalten. Er musste wohl gemerkt haben, dass ich neugierig war und auch immer wieder auf sein vornehmes Köfferchen gestarrt hatte, das ja in großem Kontrast zu seinem sonstigen Äußeren stand, und so bat er mich mitzukommen.

Im Haus sprach man nur arabisch, aber die Hausfrau kannte mich durch Miriam und holte ihre Tochter. Die Schülerin sprach etwas Englisch und übersetzte freundlicherweise. Während wir uns setzten erklärte sie mir: „Danke, dass Du den Schochet mitgebracht hast, er kommt extra, um unsere Hühner zu schlachten." Wir mussten uns beide setzen und bekamen – wie immer, wenn man als Gast in ein Haus kommt – ein kleines Becherchen mit dem frischen bitteren Kaffee. Ich trank meinen Kaffee gleich, aber der Schächter nahm das kleine Gefäß ganz vorsichtig in seine beiden Hände, senkte den Kopf etwas, und murmelte einen arabischen Vers. Dann setzte er das Schälchen achtsam ab, ohne daraus getrunken zu haben. Ich fragte die Tochter: „Oh, habe ich mich schlecht benommen, da ich den Kaffee gleich ausgetrunken habe?“ „Nein, das ist schon in Ordnung“, sagte sie, „der Schochet hat heute Morgen auf seiner Tour schon so viel Kaffee getrunken. So hat er allen nur gedankt und einen Segen für das Haus gesprochen.“

Das ist ja wie im Tee, dachte ich sofort. Dort nimmt man vor dem Trinken die Schale in beide Hände, hebt sie an und beugt den Kopf etwas. Diese demütige Geste nennt man auf Japanisch *Kansha*, was soviel wie „allumfassender Dank“ bedeutet.

Und schließlich löste sich auch das Geheimnis des Köfferchens auf: Es war der Messerkoffer des Schächters. Darin befanden sich in einem Bett aus Samt nur zwei vornehme längere Messer. Und die Tochter erklärte mir: „Für das traditionelle Schächten braucht es absolut makellose, sehr scharfe Messer. Die Schneiden dürfen nicht die kleinste Scharte haben, sonst ist das Schlachten nicht vorschriftsmäßig. Der Schochet hat deshalb eine lange und schwierige Ausbildung, denn jedes Tier, das er schlachtet, muss anders behandelt werden, so dass es keinesfalls leidet."

Kaffee und Tee sind Eins

Bei jedem Besuch in Israel besuchte ich mit Miriam die muslimischen Freunde in Daliyat Al-Karmal im Carmel-Gebirge. In der kleinen Stadt und in den Dörfern ringsum leben etwa 13.000 Drusen.

Jedes Mal, wenn wir kamen, gab es ein Festmahl, zu dem die ganze Familie kam. Wir saßen bequem am Boden auf Kissen und aßen mit der rechten Hand. Ich liebte diese unglaubliche Gastfreundschaft und lernte nach und nach auch etwas über die Drusen. Die Drusen sind eine ismailitische Sekte, weshalb manche Gelehrten sie auch nicht zu den Muslimen zählen. Sie wurden in ihrer Geschichte oft verfolgt und bauten deshalb auch keine Moscheen, sondern trafen sich in Privathäusern zum Gebet. Diese Gebetsorte wechselten immer wieder, so dass die Geheimhaltung gewahrt blieb.

Miriams Freunde wohnten in einem ziemlich neuen Haus, das sie aber nur im Winter bewohnten. Den ganzen Sommer über lebten sie in ihrem alten Beduinenzelt im Garten, wie früher.

Der Familienälteste war immer für den Kaffee zuständig, und weil er so schöne Ritualgeräte dafür verwendetet, wollte ich wissen, wie er den Kaffee zubereitete. Er lud mich also mit Miriam „zum Kaffee" ein, wie er es nannte.

Die Vorbereitungen begannen schon am Morgen gegen neun Uhr. In einem silberbeschlagenen, rechteckigen Kohlebecken wurde im Beisein von uns zuerst die Asche gesiebt und die Holzkohlestücke in eine bestimmte Form gelegt und entzündet. Die rohen Kaffeebohnen wurden einem Jutesack entnommen und auf eine Art flache Gusseisenpfanne geschüttet und über der inzwischen heißen Holzkohleglut geröstet. Dabei wurde die Pfanne immer wieder bewegt und geschwenkt, damit die Bohnen immer der richtigen Temperatur ausgesetzt waren. Wie herrlich das duftete! In der anderen Ecke des Holkohlebeckens gab es noch ein kleines Feuer auf dem eine große silberne Kanne mit geschwungenem Schnabel stand.

Nach dem Rösten wurden die Bohnen in ein trommelartiges Holzgefäß gegeben, das oben nur eine kleine Öffnung hatte, die mit Silber beschlagen war. Der alte Mann nahm einen hölzernen Stößel, bis auf das untere Ende auch mit Silber beschlagen. Damit wurden nun die Kaffeebohnen zerstoßen – dies geschah in einem besonderen Rhythmus, und dabei schlug der Stößel immer wieder gegen die silberbeschlagene Öffnung der Trommel, so dass ein lautes Geräusch entstand und das Gefäß wie ein Musikinstrument klang. Dieses laute „Trommeln“ hören die Nachbarn und alle, die am Haus vorbeigehen. Sie wissen: Bald gibt es Kaffee! Nach und nach kamen sie ins Haus und setzen sich um das Holzkohlebecken.

Kurz von dem Ende des Zerstoßens, gab der alte Mann noch Kardamom hinzu. Der Enkel, ein englischsprechender Journalist aus Tel Aviv, erklärte mir später, dass die Beduinen schon seit Urzeiten um die gesundheitlichen Vorteile von Kardamom wussten, denn sie hatten ihre

Schafe genau beobachtet. Immer, wenn es den Schafen schlecht ging und sie Magen- oder Verdauungsstörungen hatten, fraßen sie Kardamom. Also, haben sie als Beduinen diese Medizin übernommen.

Eine weitere Silberkanne wurde auf das Feuer gesetzt, und sobald das Wasser kochte, wurde der frische Kaffee hineingegeben. Und immer, wenn der Kaffee gerade am Überkochen war, wurde die Kanne vom Feuer genommen. Dies wiederholte sich unzählige Male, bis der Kaffee nach Ansicht des Gastgebers fertig war.

Der alte Mann nahm ein kleines Schälchen und goss etwas von dem ziemlich dickflüssigen Kaffee hinein. Dieses kleine Schälchen ging reihum, und jeder nippte nur ein wenig von dem unglaublich starken und bitteren Getränk.

Während wir nun die gereichten Süßigkeiten aßen, wurde aus der anderen Kanne, die ja die ganze Zeit am anderen Ende des Holzkohlebeckens warmgehalten wurde, ein Teil des Kaffees von gestern mit dem frischen Kaffee von heute vermischt. Dieses Verhältnis zwischen altem und neuem Kaffee ist das große Geheimnis des

Gastgebers, erklärte man mir. Wenn es nicht stimmt, ist der Kaffee verdorben.

Von diesem, nun dünnflüssigen und leichteren Kaffee trinken die Gäste individuell ein oder zwei Schälchen.

Inzwischen war es Mittag geworden, und die Frauen servierten das gemeinsame Mittagessen.

Das ist ja genau wie eine *Chaji*, dachte ich: Man siebt die Asche und bringt sie im Holzkohlebecken in Form, legt im Beisein der Gäste die Holzkohle und serviert ihnen ein ausgesuchtes Mahl, während das Wasser erhitzt wird. Man bereitet zuerst eine Schale *Koicha*, starken, dickflüssigen Tee zu, den sich alle Gäste teilen. Und schließlich serviert man den Gästen individuell noch ein oder zwei Schalen *Usucha*, leichten dünnflüssigen Tee.

Bis auf die Reihenfolge gleicht die Kaffeezeremonie der Beduinen genau der formellen japanischen Teezeremonie. Bei einem späteren Besuch fragte ich deshalb den Gastgeber, ob ich den Ablauf filmen dürfte und Miriam lieh sich eine Kamera. Denn ich dachte, dass es die Teemenschen in Urasenke sicher sehr interessieren würde, wenn sie eine Kaffeezeremonie sehen, die etwa hundert Jahre älter ist, als die japanische Teezeremonie.

Aber kurioserweise wurde mein Enthusiasmus nicht belohnt. Man schaute sich den Film in Urasenke an, war aber überhaupt nicht beeindruckt: „Danke für all die Arbeit, die du dir mit dem Film gemacht hast. Es sieht alles ziemlich echt aus – toll, dass du das so wie im Tee inszeniert hast!“, meinten sie. Sie konnten sich überhaupt nicht vorstellen, dass es in einer anderen Kultur so etwas Einzigartiges wie die Teezeremonie in anderer Form geben könnte.

Manchmal ist Japan eben immer noch der Mittelpunkt der Welt.

David und Shoshana

Eines Morgens saßen Miriam und ich auf der Terrasse beim Tee, als das Telefon klingelte. Miriam stand auf und telefonierte eine Weile, bevor sie wieder zurückkam: „Es ist für dich!“ „Wer ruft mich denn in Israel an?“, wunderte ich mich.

„Hallo, hier ist Shoshana", sagte die Stimme am anderen Ende, „wir haben von Ron in Urasenke gehört, dass es in Israel einen Teelehrer gibt. Es hat eine Weile gedauert, bis wir eure Telefonnummer ausfindig machen konnten. Ich habe einige Jahre in New York bei Urasenke gelernt, aber nun wohnen mein Mann David und ich hier in Jerusalem. Ich würde mich freuen, wenn wir uns vielleicht zu einer Schale Tee treffen könnten."

Zwei Tage später fuhren David und Shoshana auf den kleinen Parkplatz vor dem Haus. Wie jedes Mal, wenn Besucher kamen, war ich auch dieses Mal erstaunt, wie unglaublich gastfreundlich und herzlich die Israelis ihre Gäste willkommen heißen – egal, ob sie die Gäste vorher schon einmal getroffen hatten oder nicht.

Es geschieht ja nicht so oft, dass man auf wildfremde Menschen trifft und sich sofort mit ihnen versteht, als würde man sie schon sein ganzes Leben kennen. Hier war es so – wir verstanden uns von Anfang an und verabredeten uns zu einem Besuch in Jerusalem.

Jerusalem

Von da an war ich über mehrere Jahre immer wieder im Haus von David und Shoshana in Jerusalem und lebte mit ihnen in ihrem traditionellen jüdischen Haushalt. Das Haus lag gewissermaßen im „Brennpunkt des Geschehens“ in der Altstadt, genau an der Grenze des jüdischen, armenischen, christlichen und muslimischen Viertels. Die Gassen waren eng, und sämtliche Möbel und andere sperrige Dinge müssen bis heute vom Parkplatz außerhalb bis in die Häuser getragen werden.

Morgens – oft schon gegen drei Uhr – saß ich mit David oben auf dem Dach, wo unser Tag mit Meditation begann. Zuerst war es völlig dunkel und still. Eine Stunde vor Sonnenaufgang rief der erste Muezzin von der benachbarten Moschee. Damals waren es noch natürliche, wunderbare Stimmen, während heute meist Lautsprecher plärren und auch die früh morgendlichen und spät abendlichen Rufe sind inzwischen verboten.

Ich liebte diese Muezzin, wenn sie von den unterschiedlichsten Moscheen morgens erst aus der Nähe begannen, ihre Stimmen in die

Dunkelheit hinein zu erheben. Nach und nach stimmten die anderen mit ein – in der Nähe lauter und mit zunehmender Entfernung immer leiser.

Dann wurde es wieder still. Wieder etwa eine Stunde später begannen die Vögel zu zwitschern und die Sonne ging über der goldenen Kuppel des Felsendoms auf. Und noch etwas später begannen zuerst die Kirchenglocken des nahen Hospizes und dann der Grabeskirche zu läuten.

Im Herbst schliefen wir oben auf dem Dach in der extra errichteten Laubhütte – von meinem Nachtlager aus konnte ich die Sterne über der heiligen Stadt leuchten sehen.

In der Laubhütte machte ich auch einmal – zusammen mit Shoshana – eine öffentliche Teezeremonie. Sogar das israelische Fernsehen war da, und keiner – außer mir – wunderte sich, dass ein Deutscher in Israel die japanische Teezeremonie unterrichtete.

Einmal hatten David und Shoshana ein befreundetes palästinensisches Lehrer-Ehepaar mit ihren beiden Söhnen zum Tee und Abendessen in die Laubhütte eingeladen. Der Vater war im sogenannten „Peace-Movement" aktiv. Dort versuchte man zwischen Israelis und Palästinensern zu vermitteln. Es war ein interessanter Abend, an dem ich viel über dieses so zerstrittene Land gelernt habe. Ich habe in Jerusalem die Zeit vor der Intifada, während der Intifada und auch nach der Intifada erlebt und konnte einiges gut nachvollziehen. Normalerweise haben zur damaligen Zeit die meisten Palästinenser aus Furcht vor Anschlägen die Altstadt nicht betreten, schon gar nicht nach Einbruch der Dunkelheit. Deshalb begleitete ich die Familie später am Abend aus der Altstadt heraus bis zum Jaffa-Tor, wo wir uns verabschiedeten. Zwei Tage später erzählte mir David beim Frühstück, dass er soeben vom Tod unseres Gastes erfahren hat. Als der Familienvater morgens zur Schule wollte, wurde er direkt vor seinem Haus im Beisein seiner beiden Söhne erschossen – von den eigenen Leuten. Sie haben in ihm einen Kollaborateur gesehen. Die Witwe und die Kinder flogen einige Wochen später ins Exil in die USA.

Es war immer eigenartig für mich, in Jerusalem zu leben. Ich liebe diese Stadt mit ihrer unglaublichen Geschichte. Vor allem die Grabeskirche, die ich gern im Winter besuchte, wenn keine Touristen da waren. Da hatte ich die Kirche oft fast für mich allein. Die Kirche hat ja mehrere Stockwerke, und jedes führt den Besucher tausend Jahre tiefer in die Geschichte. Und ganz unten ist man in der Zeit Jesu angekommen. Und alles ist noch „in Betrieb", unglaublich lebendig. Einmal hat David in einem der Stockwerke mit einer Gruppe völlig ekstatischer Nonnen getanzt. Und oben auf dem Dach der Kirche leben äthiopische Einsiedler in kleinen unbeheizten, kargen Klausen. Nur einmal ist es mir gelungen mit einem der Mönche ins Gespräch zu kommen...

Vor der Grabeskapelle, die übrigens so klein ist, dass nur drei Menschen darin Platz finden, steht normalerweise eine lange Schlange von Gläubigen, die dort dann ziemlich schnell hindurchgeschleust werden. Einmal, im Winter, saß ich ganz allein für eine halbe Stunde in der Grabeskapelle, bis sich ein alter orthodoxer Mönch eine Weile neben mich setzte und, ohne zu sprechen, meine Hand nahm, sie fest drückte und dann wieder verschwand.

Der Felsendom dagegen ist ein Heiligtum der Muslime. Eigentlich ist er keine Moschee, sondern ein Schrein. Jüdische Gläubige betreten den Tempelberg nicht, sondern treffen sich unten am *Kotel* zum Gebet, was wir meist mit „Klagemauer“ übersetzen.

Oben auf dem Tempelberg sind die Wächter des Felsendoms nicht so glücklich über die manchmal zahlreichen nicht-muslimischen Besucher. Im großen Innenraum, neben dem riesigen Felsen, kann man eine Treppe in eine kleine Felsenhöhle hinabsteigen. Den heiligen Schriften nach hat sich hier die Bundeslade befunden und Mohammed ist von hier in den Himmel gefahren. Nichtmuslime sind dort nicht erwünscht, und nur einmal war kein Wächter an der Treppe, und ich konnte in einem unbeobachteten Moment hinabsteigen. Ich meditierte etwa eine Stunde dort, bevor mich ein Wächter entdeckte und rausscheuchte.

Wenn wir in Europa Geschichte betrachten, ist es eine „horizontale“ Geschichte: Da stehen Tempel und Ruinen – alles totes Gestein. In Jerusalem ist es „vertikale“ Geschichte. Es geht immer nach unten, bis man oft mehr als zweitausend Jahre und noch davor hinter sich gelassen hat, und alles ist noch lebendig und wird von Gläubigen belebt. Deshalb liebe ich diese einzigartige Stadt, obwohl ich sie auch gelegentlich schrecklich fand, wenn ich mich zum Beispiel bei meiner Ankunft durch Tränengaswolken kämpfen musste, oder mir nachts aus Furcht einredete die Schüsse ums Haus herum sind nur Fehlzündungen eines Lastwagens…

Asha

David kündigte eines Morgens beiläufig an, dass ihre gute Freundin Asha an diesem Tag zu Besuch kommen würde, und „Du wirst sie sicher mögen", sagte er. Ein paar Stunden später kam Asha wie ein Wirbelwind durch die Eingangstür und begrüßte uns alle. In den folgenden zwei Wochen verbrachte ich viele Stunden mit Asha, lernten uns kennen und erkundeten die Umgebung. Sie führte mich völlig furchtlos auch an Orte in der Altstadt, an die ich mich niemals alleine getraut hätte: In ein dunkles, unterirdisches Café inmitten des arabischen Viertels oder in geheimnisvolle Höhlen im Tempelberg. Asha ist einer der ganz wenigen Menschen, die ich kenne, die wirklich überall zu Hause sind.

Erst später erfuhr ich, dass Murshida Asha seit über 50 Jahren die Hauptlehrerin des Sufi Ordens *Ruhaniat International* ist. Sie unterrichtet Meditation, *Dhikr* und die japanische Teezeremonie. Und sie ist eines der Gründungsmitglieder der Lama Foundation in New Mexico, die wohl wichtigste „Spiritual Community“ in Amerika.

Schabbat

Es war in Jerusalem, wo ich langsam dem am nächsten kam, was Teezeremonie vielleicht wirklich bedeutet. *Chaji* jede Woche: diese hohe Achtsamkeit bei den Vorbereitungen der Speisen und die unvergesslichen Schabbat-Abende, die mir zeigten, was „Gast“ wirklich bedeutet, was „Dienen“ wirklich bedeutet.

Ich wurde schon im viel zu frühen Alter von acht Jahren von meinen Eltern in ein Internat abgeschoben; habe dort viele Jahre unter der Gewalt und dem Missbrauch durch psychopathische Erzieher und Erzieherinnen gelitten. Nachts habe ich mich in den Schlaf geweint. Schlimm habe ich nicht nur die Gewalt und den Missbrauch empfunden, sondern vor allem auch darunter gelitten, dass meine Eltern mir nicht geglaubt haben. Es waren ja christliche Internatshäuser mit einem hohen ethischen und moralischen Anspruch! Erst am Gymnasium, in der Oberstufe, wurde es besser – wir waren alt genug, um uns endlich wehren zu können. Im Haus meiner Eltern war ich, durch diese Zeit geprägt, eigentlich immer mehr Gast als Sohn.

Vielleicht war ich deshalb immer viel unterwegs und nie irgendwo richtig „zuhause“. Bis zu diesem einen Abend:

An jenem Tag meiner Ankunft in Jerusalem konnte mich Miriam nicht abholen, sie hatte ein eigenes Seminar und war übers Wochenende beschäftigt. Auch meine Gastgeber Shoshana und David waren verreist – sie hatten den Hausschlüssel für mich beim Nachbarn hinterlegt.

Ich klingelte dort und eine freundliche Dame öffnete und übergab mir den Schlüssel. Als ich mich eingerichtet hatte, fiel mir ein, dass Morgen Schabbat ist, also musste ich noch etwas einkaufen, bevor alle Geschäfte im Jüdischen Viertel schließen. Gerade als ich aus dem Haus trat, sah ich einen der Nachbarn, der gerade von einem Einkauf zurückkehrte. Ich grüßte flüchtig, denn ich kannte ihn ja nicht. Als ich gerade um die Ecke biegen wollte, rief er hinter mir her, ich drehte mich um und ging ihm entgegen. „Ich weiss, dass David und Shoshana übers Wochenende nicht da sind, was machst du an Schabbes?“ „Nichts Besonderes, ich gehe gerade noch etwas einkaufen, weil der Kühlschrank leer ist“, antwortete ich. „Aber du kannst am Schabbes nicht allein sein, das geht nicht! Also kommst du zu uns, so etwa eine halbe Stunde vor Sonnenuntergang.“

An der Sprache erkannte ich, dass er Amerikaner war, also dachte ich mir, dass es wenigstens keine Kommunikationsprobleme geben würde.

Etwa eine halbe Stunde vor Sonnenuntergang läutete ich beim Nachbarn. Ein kleines Mädchen öffnete mir die Tür, nahm mich nach einem kurzen „Hello!“ bei der Hand und zog mich ins Haus. Was für ein Gewusel fand ich da vor! Alle, vom Säugling bis zur Uroma waren da. Im großen Wohnraum war ein langer Tisch aufgebaut, alles sehr festlich gedeckt. Immer wieder lief jemand an mir vorbei, Männer gaben mir freundlich die Hand, andere umarmten mich. Niemand stellte mich vor oder behandelte mich wie einen Gast. „Kannst du die Gläser verteilen?“ fragte eine der Frauen und drückte mir ein Tablett mit Gläsern in die Hand. „Die Wassergläser sind für die Kinder am unteren Ende des Esstischs“, fügte sie noch hinzu. Komisch, dachte ich, da werde ich ja wie ein Familienmitglied behandelt.

Endlich sah ich den Gastgeber. „Herzlich willkommen in unserem Haus, ich bin übrigens Samuel oder auch Sam, komm‘ ich zeige Dir alles!“ Er führte mich herum, und ich war sehr über die zwei komplett ausgestatteten Küchen erstaunt. „Es gibt eine ‚milchige‘ und eine ‚fleischige‘ Küche“, erklärte mein Gastgeber. Später lernte ich all die Dinge und komplexen Bräuche, die das Leben in einem jüdischen Haushalt, in dem auch Chassidim leben, bestimmen.

Nach und nach füllte sich der Wohnraum immer mehr; einige kamen jetzt erst vom Besuch der Synagoge zurück. Alle waren festlich gekleidet.

Kurz vor Sonnenuntergang zündeten zwei der älteren Mädchen die Schabbat-Kerzen an, und Sam zeigte mir, wie man das Licht mit seinen Händen aufnimmt, und dass man ab jetzt nicht mehr spricht, bis das Brot gebrochen ist. Er zeigte mir, wie man die Hände rituell wäscht und sprach den Segensvers für mich, bevor er mich an meinen Platz führte. Als alle saßen, erhob sich Sam und begann zu singen. Ich hatte selten eine so schöne und klare Stimme gehört. Danach sprach er das Kiddusch-Gebet und den Segen über den bis zum Rand gefüllten Becher Wein und reichte ihn dann herum, so dass wir alle daraus trinken konnten.

Er nahm die bestickte Decke von den Schabbat-Broten. Die *Challa* ist eine Art Hefezopf und war mit Sesam bestreut. Sam sprach den Brotsegen und reichte jedem von uns ein mit Salz bestreutes Stück Brot.

Bis dahin war es still gewesen, aber nun schallte ein fröhliches „Shabbat Shalom“ durch den Wohnraum. Alle standen auf, nahmen sich an den Händen und tanzten singend um den riesigen Tisch. Shabbat Shalom… Shabbat Shalom! Und ich mittendrin, in einer mir völlig fremden Kultur zwischen all diesen mir fremden Menschen. Die Kinder in ihren besten Kleidern, die Männer meist im weissen Hemd, aber auch welche mit schwarzen Hüten im schwarzen Kaftan.

Mitten in diesem fröhlichen Treiben geschah etwas Merkwürdiges: Ich war Zuhause. Zum ersten Mal in meinem Leben war ich Zuhause. Ich war angekommen – nach so vielen Jahren. Tränen standen in meinen Augen, als Sam mich umarmte: „Shabbat Shalom, my friend!“ Und er sah meine Tränen: „It’s ok, you are safe, you are home...”

Danach wurde festlich getafelt, und ich war ganz in die Unterhaltungen mit eingebunden. Man erkundigte sich, wie ich hierher nach Jerusalem gekommen war, und was ich so machte. Immer wieder kam eins der Kinder vorbei, neugierig, freundlich, manche kletterten auf meinen Schoß und zeigten mir, was sie gerade spielten.

Als ich wieder Zuhause war, musste ich erst einmal durchatmen. Ich war erfüllt von einer tiefen Dankbarkeit und innigster Freude. Es wurde schon hell, als ich endlich einschlief.

Einige Jahre später saßen Shoshana und ich auf dem Sofa in Jamestown, und ich erzählte ihr von diesem Abend bei ihren damaligen Nachbarn in Jerusalem. Selbst in der Erinnerung kamen mir wieder die Tränen. „Shoshana, kannst Du mir erklären, was da geschehen ist? Wie kann es sein, dass ich mich bei fremden Leuten zum ersten Mal in meinem Leben so völlig Zuhause gefühlt habe? Wie kann es sein, dass ich das Gefühl hatte, endlich ganz angekommen zu sein? Ich verstehe es nicht!"

Shoshana umarmte mich, lächelte, und sagte ganz schlicht: „Oh, that's easy - you were loved..."

Die Rebbe

An einem frühen Abend hatte David drei Jeschiwa-Gelehrte eingeladen. Diese Rebbe, wie die chassidischen Meister oft genannt werden, waren erstaunt, als ihnen David das kleine Viereck mit den japanischen Bodenmatten in der Ecke des Wohnraums zeigte. Von japanischer Teezeremonie hatten diese Gelehrten noch nie gehört, und als David sie bat, doch am Boden auf den Tatami Platz zu nehmen, taten sie dies eher widerwillig.

Da saßen also diese drei schwarzgekleideten älteren Herren mit ihren langen weißen Bärten mit missmutiger Miene neben mir auf der Matte. Ich fühlte mich ziemlich unbehaglich. Aber David ließ sich nicht beirren „Fang' einfach an!", sagte er.

Und ich begann mit der Zubereitung des Tees. Plötzlich ging ein Ruck durch die alten Meister, sie stutzten, hoben ihre Köpfe, strafften ihre Rücken. Und ein Lächeln erschien auf ihren sonst so ernsten Gesichtern und sie nickten sich zu. Während sie den Tee tranken, war mir plötzlich klar, dass ich hier nichts zu erklären brauchte. Sie waren mir plötzlich sehr vertraut und ich ihnen. Das war ihr Alltag: die Achtsamkeit, die Handhabung von rituellen Gegenständen, das Trinken – alles.

Chaji und Schabbat sind Eins.

Eineinhalb Stunden

Bevor der Älteste von den Dreien sich verabschiedete, sagte er noch zu mir: „Today you showed me the Tea Ceremony – tomorrow I will show you God. Please come to my Jeshiwa in the early evening, it's *Simchat Tora*."

David erklärte mir, dass „*Simchat Tora*" der letzte der jüdischen Feiertage ist, die mit dem Laubhüttenfest beginnen. An diesem Tag sieht man gläubige Juden voller Freunde durch die Straßen der Altstadt tanzen. Die kostbaren, heiligen Thorarollen werden aus dem Schrein genommen und gehen von Hand zu Hand.

„Aber ich kann doch nicht als *Goi,* als Nicht-Jude, an so einem hohen Feiertag in die Jeschiwa gehen", gab ich David zu bedenken. „Doch, wenn der Rebbe dich einlädt, kannst du nicht ablehnen, vergiss nur die Kopfbedeckung nicht!", erklärte er mir.

Die *Kippa* auf meinem kahlen Kopf, stieg ich bei Dämmerung die enge Stiege zur Jeschiwa hinauf, zu der mich David begleitet hatte. „Gehst du nicht mit?", fragte ich ihn. „Nein, ab hier musst du allein gehen", sagte er kurz.

Jeschiwa-Schüler kamen mir entgegen, sie schauten eher feindselig, denn ein *Goi* hatte in einer traditionellen Jeschiwa nichts zu suchen. Immer wieder musste ich erklären, dass der

Rebbe mich eingeladen hatte, bevor ich vorbeigelassen wurde.

Oben angekommen bat mich ein jüngerer Mann, ihm zu folgen. Ein langer dunkler Korridor mündete in einem Saal, in dem eine größere Gruppe Männer ekstatisch im Kreis tanzten und sangen. Es war heiß, stickig und roch nach Schweiß. „Warte hier!", sagte mein Begleiter. Ich schaute mir das wundersame und wilde Treiben an und kam mir hier ziemlich fremd und verloren vor.

Schließlich kam der Rebbe auf mich zu und begrüßte mich sehr herzlich: „Wie schön, dass du gekommen bist – du erinnerst dich doch noch, was ich dir am Abend bei David gesagt habe?" Ich konnte ihn bei dem lauten Gesang und dem Stampfen der Tänzer kaum verstehen. Natürlich erinnerte ich mich, wenn ich auch mit den Worten wenig anfangen konnte.

Er führte mich zum Kreis der tanzenden Männer. Er zog einen der Männer aus dem Kreis und flüsterte etwas in sein Ohr. Und er nahm mich an der Hand und zog mich in den Kreis. Ich kann sowas nicht, dachte ich noch, bevor ich einfach an Händen und Armen mitgerissen wurde. Jetzt erst sah ich, dass wechselweise immer einer der Männer in der Mitte des Kreises tanzte – mit der kostbaren Thorarolle in den Armen – wild und ekstatisch. Der Gesang wurde immer lauter und erst ganz langsam fand ich in eine Art Rhythmus, dem ich schließlich gehorchte und mich ihm ganz hingeben konnte.

Plötzlich konnte ich den ganzen Raum wie von ganz weit oben sehen, die tanzenden Männer und auch den Tänzer in der Mitte mit der Thorarolle. Was ist da los, ich habe doch keine Drogen genommen, dachte ich noch. Und da erkannte ich plötzlich den Tänzer in der Mitte: Er war ich – mit der heiligen Rolle im Arm – tanzend und singend.

Es wurde plötzlich gleißend hell, und dann wusste ich nichts mehr…

Auf den Stufen der Treppe sitzend und in Schweiß gebadet kam ich wieder zu mir. Die Jeschiwa-Schüler, die beim Kommen und Gehen auf der Treppe an mir vorbeimussten, lachten mich an und klopften mir auf die Schulter.

Der junge Mann, der mich empfangen hatte, stand wieder neben mir. „Was ist geschehen?

Ich kann mich an nichts erinnern!" fragte ich ihn. „Oh, nichts Besonderes, aber du warst großartig!" sagte er. „Wie lange war ich denn da drin?", wollte ich wissen. „Ich schätze, so anderthalb Stunden hast du getanzt. Und wenn du dich an nichts erinnern kannst, ist das gut, weil du etwas ganz Wichtiges erfahren hast, dass ich dir aber auch nicht mit Worten erklären kann."

„Und, wie war's?", wollte David nach meiner Rückkehr wissen. „Ich weiß nicht", sagte ich. „Das ist gut!", sagte David lächelnd, „das ist sehr gut!"

Seither fehlen in meinem Leben eineinhalb Stunden.

Amerika

Jamestown

David und Shoshana waren inzwischen wieder von Israel nach Hause in die Rocky Mountains zurückgekehrt. Oberhalb von Boulder bauten sie ein Seminarhaus in Jamestown, und es entstand auch ein wunderschönes Teehaus, gebaut mit den einheimischen Hölzern und Materialien.

Und so dauerte es nicht sehr lange, bis die erste Einladung zu einem Seminar von Shoshana ankam. Ich kannte bis dahin ja nur Asien und Afrika, nun also Amerika. Ich war sehr gespannt und aufgeregt.

Als ich zum ersten Mal gegen Mitternacht in Denver landete, warteten Shoshana und David schon auf mich – was für ein freudiges Wiedersehen! „Wir haben noch etwas Fahrt vor uns, und auf dem Weg nach Hause kaufen wir noch ein", erklärte David. „Was, mitten in der Nacht?", meinte ich. Und tatsächlich hielten wir auf einem riesigen Supermarkt-Parkplatz. Ich konnte es gar nicht fassen, dass tatsächlich ziemlich viele Leute noch nach Mitternacht einkauften. Für mich war das alles neu, denn einen so großen Supermarkt hatte ich noch nie gesehen. Staunend wie ein Kind vor dem Weihnachtsbaum wanderte ich durch die endlosen Gänge und schaute mir die vielen Dinge an, von denen ich die meisten nicht einmal kannte.

Obwohl wir erst spät, oder besser früh morgens zuhause eintrafen, schlief ich nur kurz, die Zeitverschiebung machte mir zu schaffen. Vom Haus aus hatte man einen herrlichen Blick über die Felsen bis in die Ebene von Boulder. Und ich wollte natürlich gleich nach dem Frühstück einen Spaziergang machen. „Hmm," meinte David, „das ist hier nicht so einfach. Aber du kannst ein Stück den Weg dort durch das Espenwäldchen gehen, aber nicht zu weit. Hier gibt es nicht nur Bären, sondern auch Nachbarn, die es nicht gern sehen, wenn Fremde auf ihr Grundstück kommen, und ich möchte nicht, dass du gleich am ersten Tag erschossen wirst. Hier oben sind alle außer uns bewaffnet." Na toll, dachte ich, marschierte aber tapfer los. Als ich weiter unten auf eine Lichtung kam, sah ich das erste Nachbarhaus in der Ferne und drehte um. Nun ging es steil bergauf, und ich war völlig überrascht, dass ich so außer Atem kam, dass ich es kaum nach Hause schaffte. Meine Gastgeber lachten, als sie mich völlig erschöpft auf der Bank vor dem Haus vorfanden. „Ja, das unterschätzt man sehr leicht, wir sind hier über dreitausend Meter hoch, da ist die Luft etwas dünner“, erklärte mir Shoshana. Man lernt eben nie aus, und auf längere Spaziergänge habe ich erstmal verzichtet, bis mein Körper sich an die Höhe gewöhnt hatte.

Ein paar Tage später haben Shoshana und ihre Teefreunde eine Willkommens-*Chaji* für mich vorbereitet. Es war ein herrlich sonniger Tag, und meine Gastgeber begleiteten mich und die anderen Gäste über die Felsen, bis zu einer Art offenem Platz mit einem herrlichen Blick weit über das Tal hinaus.

Kaiseki, das formelle Essen wurde von den Gastgebern über die ganze Strecke vom Haus über die Felsen balanciert, was uns alle sehr beeindruckte. Und dann kam der Tee – dieses Mal *Chabako*, wo alle Teegeräte in einem kleinen Kästchen untergebracht sind. Obwohl es offiziell mit dem *Chabako* eigentlich keinen *Koicha* – den formellen, starken Tee, den sich alle Gäste teilen – gibt, bereitete Shoshana erst den *Koicha* und dann den *Usucha* zu, bei dem die Gäste mehrere Schalen leichten Tee trinken.

Am liebsten saß ich früh morgens in Shoshanas Teehaus inmitten der riesigen Felsen der Rocky Mountains. Neben dem Teeraum gab es eine größere *Mizuya*. Da dieser Vorbereitungsraum für Tee größer als gewöhnlich war, diente er auch als Rückzugort zum Lesen oder Studieren. Die eine Seite zum Wald hin war komplett verglast, und auf der Veranda hatte Shoshana Futterstellen für die verschiedenen Tiere eingerichtet. Nach dem morgendlichen Tee mit Shoshana saßen wir oft noch still im Vorbereitungsraum ohne uns zu bewegen, um den Tieren zuzuschauen. Besonders mochte ich die kleinen und flinken, aber auch sehr scheuen Streifenhörnchen. Oder auch die wunderschönen und farbenprächtigen Blauhäher. Unter dem Dach hing ein Futterautomat für Kolibris, der diese kleinen Vögel zu jeder Tageszeit anlockte, solange genug Zuckerwasser im Automaten war. Die Kolibris sind glücklicherweise gar nicht scheu, so dass ich mich ganz nah am Futterautomaten aufhalten konnte, um diese winzigen und rasend schnell fliegenden Geschöpfe zu bewundern. Jeder hat ein anders schillernd gefärbtes Gefieder – was für eine Vielfalt und Üppigkeit der Natur!

Einmal verirrte sich ein Kolibri – durch die offene Tür hineingeflogen – in der großen Wohnhalle des Hauses. Der kleine Vogel schwirrte ganz oben an der Decke hektisch im Kreis und konnte den Ausgang nicht finden. Wir stellten uns in die Mitte des Raumes und warteten still. Diese kleinen Vögel haben einen enormen Energiebedarf, und es dauerte nicht lange, bis der Winzling langsamer wurde und in Kreisen nach unten taumelte. „Streck' Deine Hand aus", sagte Shoshana. Und der kleine Vogel landete sanft in meiner Handfläche. Er war völlig erschöpft und atmete schnell. Sein Gewicht konnte ich kaum spüren, so leicht war er. Shoshana führte mich mit dem Kolibri in der Hand nach draußen zum Futterautomaten. „Halte ihn einfach unter die Fütterungsöffnung", erklärte Shoshana. Und tatsächlich, kaum hielt ich den Vogel unter die Öffnung, steckte er seinen langen Schnabel hinein, und ich konnte förmlich fühlen, wie der Kolibri „auftankte". Und schon nach wenigen Sekunden, startete er von meiner Hand und schwirrte mit unglaublicher Geschwindigkeit davon. Ein so kleines, leichtes und unglaublich zartes Geschöpf in der Hand zu halten, war ein Erlebnis, das ich nie vergessen habe.

Naropa

Unten im Tal gab es in Boulder an der Naropa-Universität ein kleines Teehaus, das ursprünglich der Gründer der Universität, Chögyam Trungpa, erbauen ließ. Andere Teefreunde, Hobart und Carol, die beide auch ein Jahr bei Urasenke in Kyoto gelernt hatten, stellten den Kontakt zur Universität her, so dass ich von da an bei fast jedem Aufenthalt ein Blockseminar abhielt, das auch meine Reisen finanzierte.

Ich mochte diese Seminare mit den jungen Studenten sehr, und mein Kurs war Bestandheil des Studiengangs *Contemplative Psychology*. Dies war damals ein ganz neues Konzept, denn es gab keine andere Universität in den USA, bei der Meditation fester Bestandteil der Ausbildung war. Anfangs noch belächelt, dauerte es aber nicht lange, bis andere Universitäten begannen, sich für diese Art Ausbildung zu interessieren.

Ich sprach meist über den Zusammenhang von Buddhismus und dem Teeweg. Die Vorlesungen fielen mir nicht schwer, denn die Studenten waren sehr interessiert und leicht zu begeistern. Sie liebten den Tee, der sie dann auch praktisch in das kleine Teehaus auf dem Campus führte. Und bis heute findet dort regelmäßig Teeunterricht statt.

Boulder

Die Urasenke-Teegruppe in Boulder wurde von Hobart und Carol geleitet. Hobart war auch Leiter des *Boulder Zen Center* und außerdem Verfasser des ganz außergewöhnlichen Werkes „Ceremony for the Union of the Four Elements". Darin beschreibt Hobart eine neue Form der Teezeremonie, die tief in der westlichen Mythologie wurzelt und auch die westliche Architektur und deren Teegeräte miteinschließt.

Da wir die großen, von Urasenke in Japan so geliebten Seminare mit möglichst vielen Schülern, nicht so sehr mochten, suchten wir nach einer anderen Form, wie wir mit einer größeren Anzahl von Teilnehmern unsere Teeseminare in Boulder und Jamestown gestalten könnten.

Wir waren meistens vier oder fünf Lehrer, und jeder hatte einen eigenen Raum mit *Tatami* zur Verfügung. Und die Schüler in kleinen Gruppen wechselten zweimal täglich reihum den Raum und somit auch den Lehrer. Dies hatte den Vorteil, dass die Schüler von jedem von uns unterrichtet wurden, und so auch von den ganz unterschiedlichen Persönlichkeiten und Unterrichtsschwerpunkten profitieren konnten. Mehrere Gruppen in einem Raum, wie es oft aus Platzmangel in Europa praktiziert wird, hielten wir für nicht geeignet, da die Ablenkung durch andere Übende doch sehr groß ist. Wir wollten, dass der intime Rahmen, den eine Teezeremonie ausmacht, so weit wie möglich erhalten bleibt.

Maura

Was mir in den USA so gefallen hat, war auch, dass ich dort sehr vielen „Tee-Freigeistern" begegnet bin, die immer noch unglaublich erfinderisch und innovativ sind.

An eine dieser Freigeister erinnere ich mich noch gut. Maura bestritt ihren Lebensunterhalt, in dem sie als Töpferin Urnen für Verstorbene fertigte, ganz nach den Vorgaben der Hinterbliebenen oder sogar nach Ideen, die der Verstorbene schon vor seinem Tod festgelegt hatte. Heute ist sie eine bekannte Künstlerin, die ihre Werke auch in USA, Japan und Europa ausstellt.

Es war Ende Oktober, und Halloween rückte näher. Schon in Japan hatten meine amerikanischen Mitschüler immer zu Halloween eine *Chakai*, einen informellen Tee mit vielen Gästen, gefeiert.

Maura lud uns am Nachmittag vor Halloween zum Tee auf einen kleinen Friedhof außerhalb von Boulder ein. Als wir dort ankamen, war neben verschiedenen Gräbern eine kleine Plattform aufgebaut, auf der schon einige Teegeräte standen. Wie erstaunt war ich: Das Frischwassergefäß war ein Totenschädel, den man oben zur Wasserentnahme öffnen konnte. Die Teeschalen hatten Halloween-Motive und auch der Teebehälter war einer kleinen Urne nachempfunden. Es gab Halloween-Süßigkeiten, und auch das Essen wurde in interessanten Behältern serviert. Wir hatten jedenfalls viel Spaß bei unserem kleinen Tee-Treffen.

Bis plötzlich die Sirene eines Polizeiwagens ertönte, der vor dem Friedhofstor in einiger Entfernung anhielt. Ein Polizist stieg aus, die Hand an seiner Schusswaffe, und näherte sich uns vorsichtig. Wir kamen ihm freundlich entgegen und er fragte uns, was wir denn da täten. Ein vorbeifahrender Nachbar hätte die Polizei gerufen, weil eine Gruppe Menschen seltsame Dinge auf dem Friedhof tat. Glücklicherweise konnten wir den Polizisten beruhigen: „Wir machen nur eine Gedenkfeier für die Verstorbenen und gehen dann wieder nach Hause." „Kein Problem", sagte der Polizist, „bitte schließt das Tor, wenn ihr geht."

Und Mauras Tee schloss tatsächlich all die Verstorbenen um uns herum auf dem Friedhof mit ein – mit Tee und auch einem Gedicht, das sie verfasst hatte.

Bei Maura zuhause machte ich unter ihrer Anleitung auch meine ersten Versuche im Töpfern. Ich hatte schon Mühe, den Tonklumpen auf der Scheibe zu zentrieren, aber als das geschafft war, machte es viel Spaß. Die Ergebnisse wurden dann ein paar Tage später gebrannt.

Mauras Brennofen stand im Garten und bestand aus einem alten Ölfass, in das sie unten eine Öffnung geschnitten hatte. Dort hatte sie einen Ölbrenner aus einer alten Heizung montiert und auch ein Staubsaugergebläse angeschlossen. Für einen korrekten Deutschen eine abenteuerliche Konstruktion, die bei uns sicher nicht den Segen des TÜV erhalten hätte. Aber sie funktionierte bestens...

Virginia

Es war einer dieser heiß-schwülen Spätsommertage im ländlichen Virginia, als wir einmal nach einer längeren Wanderung mit einer Gruppe von Zenmönchen gegen Abend im Haus von Asha ankamen. Die Dämmerung setzte langsam ein und brachte etwas Kühle.

Wir zündeten die Laternen an, und langsam fanden sich auch unsere Gastgeber mit ihren Freunden ein, um mit uns unter dem Blätterdach des Gartens an einfachen Holztischen auf Bänken Platz zu nehmen. Über einem Holzfeuer hing eine alte Eisenkanne, in der das Wasser langsam zu kochen begann. Wie vertraut war uns doch dieses Summen im Kessel – wie der

Wind, der in den Kiefern singt. Die Nacht umhüllte uns langsam mit ihrer Stille und ihren Schatten.

Asha, unsere Gastgeberin, kam von der Küche her und brachte eine große Schüssel aus einfacher Keramik mit. Am Kopfende des Tisches stellte sie die rustikale Riesenschale vor sich hin und lächelte uns voller Freude und Erwartung an. Sie wusste natürlich, dass die meisten von uns in formeller Teezeremonie ausgebildet waren; einer der Freunde war sogar ein hoher Lehrer aus Kyoto. Asha verbeugte sich und sagte: „Ich werde Euch jetzt einen Tee zubereiten“, und verschwand unter den Bäumen, wo sie kleine Zeige abbrach und zum Tisch trug. Sie brachte die Zweige in Form und umwickelte das Ganze mit einem Stück Bastschnur, die sie aus einem Bündel zog, das über dem Zaun hing. Sie lachte, denn das Kunstwerk hatte nur sehr entfernte Verwandtschaft mit einem Teebesen, wie wir ihn kannten. Mit klaren und ruhigen Bewegungen faltete sie farbige Papierstücke, die sie als Servietten vor jeden Gast legte.

Eine Freundin zog ein Sandwich aus ihrem Rucksack, brach es in kleine Stücke und reichte jedem von uns ein Stück. Mit einer schlichten

Eleganz nahm unsere Gastgeberin einen der alten silbernen Kaffeelöffel und gab etwas Tee aus einer Blechdose in die große Keramikschüssel. Sie goss heißes Wasser über das grüne Pulver, und schlug mit dem Zweigbesen den Tee, bis sich ein dichter Schaum an der Oberfläche gebildet hatte. Sie drehte die Schale zweimal ihren Gästen zu, von denen einige Christen, einige Moslems, einige jüdisch und andere buddhistisch waren. Jeder von uns nahm nacheinander das Brot und aß es, und wir tranken alle aus derselben Schale den Tee. Einer der Mönche begann mit weicher Stimme das Herz-Sutra zu rezitieren, und die sanften Töne bahnten sich einen Weg tief in unsere Herzen.

In diesem Moment waren alle – niemand. Wie der Tisch. Wie die Schale. Wie der Himmel. Der Geschmack des Zen – ein Schluck Tee.

Santa Fe

„Wir werden Freunde von uns besuchen, die ganz in der Nähe wohnen; am besten fahren wir mit dem Auto“, sagten David und Shoshana eines Tages. „Wie lange fahren wir denn?“, wollte ich wissen. „So etwa 7 Stunden“, meinten sie. In der Nähe, dachte ich, sieht bei uns anders aus. In Amerika herrschen andere Dimensionen. Und später merkte ich, dass dies auch einer der Gründe ist, warum ich das Land so mochte: Es gibt sehr viel Platz!

Damit ich auch etwas sehe, nahmen wir nicht den Highway, sondern fuhren die kleineren Straßen über Land. Durch wunderbare Landschaften quer durch Colorado bis nach New Mexico. Kurios waren die riesigen Kasinos, die mitten in der Wildnis standen und den Indianern gehörten. Dort verdienten sie so viel Geld, dass sie damit das Land wieder zurückkaufen konnten, dass ihnen die Weißen einst abgenommen hatten.

Was mir besonders gefiel – man konnte stundenlang auf Straßen fahren, die sich kerzengerade bis zum Horizont zogen. Gelegentlich sah man weit entfernt eine Farm. Einmal sah ich mitten im Nirgendwo auf einer Hochebene ein Straßenschild an der Einmündung eines unbefestigten Feldwegs: „Heavy Side Traffic" stand dort auf dem Warnschild. Da musste ich doch laut lachen, wahrscheinlich fährt hier zweimal im Jahr ein Traktor über die Straße... Und das bei einer Rundumsicht bis zum Horizont.

In Santa Fe angekommen, wohnten wir bei Sakina und Siddiq, guten Freunden meiner Gastgeber, die als Teelehrer die Teegruppen in Santa Fe und Albuquerque betreuten. Sie wohnten in einem Haus, das im lokalen Adobe-Stil gebaut ist und im Garten gab es einen kleinen Tee-Pavillon, in dem wir mit einer Schale Tee begrüßt wurden.

Ein paar Tage später wurde ich gebeten, doch beim jährlichen *Peace-Tea* mitzuhelfen, bei dem etwa 150 Gäste erwartet wurden. Diese Friedens-Veranstaltungen finden bis heute in der sehr beeindruckenden Rotunde des *State Capitol Building* statt. Dies ist ein wichtiges Ereignis im Jahreslauf, denn Los Alamos als Geburtsort der Atombombe liegt ganz in der Nähe, und dem Atombombenabwurf in Hiroshima und Nagasaki gedenkt man hier jedes Jahr mit einem Friedens-Festival.

Nachdem wir alle Vorbereitungen abgeschlossen hatten, nahm mich Sakina beiseite und sagte: „Da du ja heute ein besonderer Gast hier bist, möchte ich, dass du die Eröffnungsansprache hältst." „Das ist unmöglich, denn ich bin nicht vorbereitet, und außerdem spreche ich nicht gut genug Englisch für diese wichtige Veranstaltung." Alle um uns herum begannen zu lachen: „Da brauchst du dir wirklich keine Sorgen zu machen. Du wirst überhaupt nicht auffallen, denn fast alle hier in New Mexico sprechen ziemlich schlechtes Englisch, weil sie sich meistens in Spanisch unterhalten."

Ich setzte mich also in eine Ecke und dachte erst einmal nach worüber ich sprechen könnte. Als Deutscher kam es für mich nicht in Frage über den Krieg und den Abwurf der Atombombe zu sprechen; vor allem nicht, nachdem ich das Leid der Menschen, die ich in Israel getroffen hatte, kennengelernt hatte.

Also sprach ich über Oiemotos Vision *Peacefulness through a bowl of Tea*, die ja auch dazu geführt hatte, dass ich in Japan studieren durfte und nun an diesem Tag die Schale Tee hier in New Mexico als Zeichen des Friedens weitergereicht wird.

Nach dem Abschluss meiner kurzen Rede und dem Servieren des Tees und der Süssigkeiten für alle Teilnehmer, versteckte ich mich im Vorbereitungsraum, denn ich hatte etwas Angst vor der Kritik über meinen kleinen Vortrag.

Dies war aber völlig unbegründet – im Gegenteil. Einer der geladenen Gäste schüttelte mir die Hand und bedankte sich, dass ich als Deutscher über Frieden gesprochen habe, denn das hätte ihm, der deutsche Vorfahren hat, sehr viel bedeutet.

Sunrise Springs

Nicht weit von Santa Fe mitten im heiligen Indianer-Gebiet hat Megan in der Wüste ein kleines Paradies erschaffen. Es gab dort – wie der Name schon sagt – einen großen Teich, der von einer Quelle gespeist wurde. Rundherum entstanden kleine Hotelgebäude im Adobe-Stil, und es gab auch ein wunderschönes Teehaus, das von einem japanischen Architekten aus Los Angeles erbaut worden war.

Das Teehaus war gerade erst fertig geworden, und langsam nahm auch der Garten Gestalt an. Ein idealer Platz also für unser Teeseminar, zu dem Teilnehmer aus ganz Amerika erwartet wurden.

Kurz vor meiner Abreise nach Amerika, hatte ich in Österreich meinen Teefreund Peter kennengelernt. Und als ich ihm von unserem Seminar in Santa Fe erzählte, hat er sich sofort entschlossen teilzunehmen und seine Reise geplant, um in Sunrise Springs zu uns zu stoßen.

Shoshana, Hobart und Carol aus Boulder, Lesley aus Neuseeland, und ich waren die Lehrer, und wir hatten uns zu einem etwas strengeren Intensivseminar entschlossen. Der Tag begann früh mit einer Meditation zur Zeit des Sonnenaufgangs. Und jeden Morgen leitete ein anderer Teilnehmer die Meditation, so dass wir ganz unterschiedliche Traditionen kennenlernten: christlich, buddhistisch, jüdisch, muslimisch – eine wunderbare Vielfalt!

Tagsüber hatte dann jeder der Teelehrer einen Raum zu Verfügung, und die Teilnehmer wanderten immer halbtags von Raum zu Raum, so dass alle in den Genuss der unterschiedlichen Lehrer und ihrer durchaus verschiedenen Unterrichtsschwerpunkte kamen.

Am Abend waren wir alle meist ziemlich erschöpft, trafen uns aber in kleinen Gruppen doch noch zu verschiedenen Aktivitäten, wie zum Beispiel der Herstellung von japanischen

Süßigkeiten, Kalligrafie, Teelöffel schnitzen, Tai-Chi, und andere.

Am letzten Abend hatten wir alle Mühe mit unseren Knien – das strenge Sitzen im Fersensitz über so viele Tage hatte uns doch sehr ermüdet. Aber zum Abschluss wollten wir uns trotzdem nochmals alle in der Meditationshalle treffen.

Ganz spontan nahm die Sufi-Meisterin Asha, die ich ja in Israel kennengelernt und in Virginia wiedergetroffen hatte, den Abend in die Hand. Sie fand, dass wir uns nach dem vielen stillen Sitzen unbedingt bewegen müssten, und sie hatte natürlich dazu die richtige Idee.

„Dhikr" ist eine Sufi-Praxis, die Asha auswählte. Dabei werden in einem Rundtanz ganz bestimmte Sätze aus dem mystischen Islam rezitiert. Asha hatte auch eine Trommlerin mitgebracht, denn die Musik spielt dabei – neben der Führung durch Asha - eine große Rolle.

Wir begannen ganz langsam: *„La ʾilaha ʾilla - llah!"* Manche trauten sich noch nicht ganz, mit allen gemeinsam zu rezitieren. Wir bildeten einen großen Kreis, hielten uns an den Händen und bewegten uns im Rhythmus der Trommel. Auch für meinen Teefreund Peter – ein ehemaliger katholischer Priester – war das Ganze eher etwas unheimlich. Aber irgendjemand zog ihn schließlich doch in unseren Kreis. Und Asha zeigte uns, in welcher Art und Weise wir uns zu den einzelnen Wörtern bewegen sollten – jede Silbe hatte ihre ganz eigene Bewegung.

Immer schneller wurde der Trommelrhythmus: *„la ʾilaha ʾilla -llah"*, *„la ʾilaha ʾilla -llah"*, *„la ʾilaha ʾilla -llah"*!

Asha führte uns, und nach und nach wurde immer einer von uns von ihr in die Mitte des Kreises gezogen. Langsam entwickelte sich eine Art Trance, die uns alle erfasste. Und ich konnte es kaum glauben: Peter, der das Ganze anfangs so skeptisch beobachtet hatte, tanzte mittendrin in völliger Hingabe: *„la ʾilaha ʾilla -llah"*!

Am nächsten Morgen versammelten sich alle bei Sonnenaufgang auf der kleinen hölzernen Plattform am Rande des Teichs. Lesley bereitete für alle *Chabako*-Tee zu, bei dem alle Teegeräte in einem kleinen Kästchen verpackt sind. Schweigend saßen wir im Kreis, genossen den wunderbaren Morgen-Tee und ließen das Seminar noch einmal vor unserem inneren Auge vorbeiziehen. Was für ein wunderbarer und einzigartiger Moment: *ichigo-ichie*.

Später am Morgen sah ich, wie Peter mit David, der ja lange auch in einer Sufi-Gemeinschaft gewohnt und geübt hatte, sprach, weil er sich nicht erklären konnte, wie er, als ehemaliger katholischer Priester, sich so völlig dem ekstatischen Tanz hingegeben hatte, was sonst überhaupt nicht seine Sache wäre. Und David erklärte ihm, dass *Dhikr* jeden – wie der Tee auch – ganz in den gegenwärtigen Moment führt, und zwar so weit, bis kein Raum mehr für etwas anderes da ist.

Lama Mountain

Nicht weit von Santa Fe, oberhalb des Städtchens Taos, lebt auf dem *Lama Mountain*, der ebenfalls heiliges Indianergebiet ist, eine kleine Gemeinschaft, die sich einem eher geistigen Leben widmet.

Die *Lama Foundation* wurde von Asha und einigen anderen geistigen Lehrern gegründet. Man lebt und arbeitet dort im Einklang mit der

Natur und versorgt sich – Dank der Permakultur – fast ausschließlich selbst. Daneben gibt es viele Kurse und Seminare aller geistigen Strömungen und Religionen.

Und es gibt noch etwas, was diese Gruppe von Menschen, die dort leben, auszeichnet, und was ich noch nie vorher so erlebt habe: Jeder, der dort auf dem heiligen Berg ankommt, wird mit offenen Armen empfangen. Egal, wie schwierig jemand sein mag oder was für eine Geschichte er mitbringt, er wird mit Liebe und Gastfreundschaft empfangen.

Und im ersten Tee-Seminar, das ich dort leiten durfte, traf ich wieder viele alte Tee-Freunde wie Shoshana und David, Lesley, Sakina und Siddiq, Kathy und Austin, Asha und viele andere.

Der Kelch

Asha erzählte immer wieder von ihrer Teelehrerin Milly Johnstone, die – zusammen mit ihr – den Teeweg in Amerika verbreitet und bekannt gemacht hat. Die Erzählungen und Begebenheiten über Milly haben mich sehr beeindruckt; vielleicht habe ich auch deshalb später Millys Buch „Brother Wolf" ins Deutsche übersetzt.

Im Angedenken an ihren toten Sohn hatte Milly eine eigene Teezeremonie entwickelt. Und ich wollte Millys *Chalice Tea,* in der ein christlicher Kelch die wichtigste Rolle spielt, unbedingt kennenlernen. Das war aber gar nicht so einfach, denn die einzigen, die sich noch vage an die Form erinnerten, waren Millys Schülerinnen Asha und Shoshana.

Die beiden setzten sich also zusammen und haben uns allen zum Abschied meines ersten Seminars in der Lama Foundation Millys *Chalice-Tea* zubereitet.

Es ist ein sehr formeller Tee, und Shoshana sang zuerst ein wunderschönes jüdisches Gebet, dann brach sie das Brot und reicht jedem Teilnehmer ein Stück. Danach servierte sie uns allen einen Schluck Wein aus einem großen Glas. Asha reinigte Teebehälter und Kelch mit einem Rosenkranz, und schließlich bereitete sie *Koicha,* starken, dickflüssigen Tee, in diesem kostbaren, goldenen Kelch zu. Alle Gäste und auch unsere beiden Gastgeberinnen teilten sich diesen Tee schweigend. Eine stille Meditation schloss sich an, bis Shoshana wieder ein bewegendes Gebet sang.

Wir saßen noch eine Weile still beisammen und nach und nach gingen alle still in ihr Hüttchen oder Zelt zur Nachtruhe.

Selbst dickflüssiger Tee ist noch so flüssig, dass er sich jeder Form anpasst, dachte ich noch, bevor ich einschlief.

Feuer und Tee

Nachdem ich ja schon ein Seminar in der Lama Foundation geleitet hatte, war für den nächsten Sommer wieder ein Kurs geplant. Zwei Monate vor dem Seminar wütete ein riesiges Buschfeuer in diesem Teil von New Mexico, und leider war auch die Lama-Foundation stark betroffen. Nur noch das Küchengebäude und der sogenannte „Dom“, ein großer runder Seminarraum, hatten das Feuer überstanden.

Zuerst sollte deshalb das Seminar abgesagt werden, aber die Leitung hat aber dann doch entschieden, dass das Tee-Seminar als einziger Kurs in jenem Sommer stattfinden sollte.

Glücklicherweise, denn zu dem Seminar hatten sich auch Detlef und Ingrid angesagt. Sie haben sich ein Wohnmobil in San Francisco gemietet und waren – mit einigen Sightseeing-Umwegen – schließlich wohlbehalten in der Lama Foundation gelandet.

Detlef hat es später so beschrieben:

Merkwürdig im wahrsten Sinne des Wortes war eine dritte Begegnung mit Ulrich. Am 10. Juli 1996 hatte ich ihm noch aus Bodman gefaxt: „Hoffentlich werdet ihr beim Tee-Fest in Tübingen etwas angenehmeres Wetter haben als in diesen Tagen jetzt. – Bis zum Wiedersehen bei den Lamas“.

Dieser Abschiedsgruß spielt an auf die Lama-Foundation in New Mexiko, wo wir uns mit Ulrich und Susann für Ende Juli verabredet hatten. Ulrich war zum Teeunterricht eingeladen worden und für uns war es eine gute Gelegenheit, diese Ende der sechziger Jahre gegründete alternative

Lebensgemeinschaft kennenzulernen. Es gibt sie noch immer, und im Netz kann man Details nachlesen, auf die ich hier nicht eingehen will.

Als wir uns mit dem kleinen Wohnmobil dem Gelände näherten, da sahen wir, dass die Flammen eines Buschfeuers das weiträumige Gelände zerstört hatten. Die Holzkonstruktionen der leichten Lehmbauten waren niedergebrannt, nur verkohlte Dachsparren waren übriggeblieben. Man musste sich für einige Zeit in Zelten oder abseits liegenden Cottages einrichten, die das Feuer nicht erreicht hatte. Wir waren mit unserem Wohnmobil gut ausgerüstet.

Genug der Details, sie mögen genügen, um die folgende Szene sich vorzustellen:

In der ausgebrannten Halle des Haupthauses, mit freiem Blick in den Himmel, saß eine Teegruppe beisammen, denen Ulrich einen Koicha bereitete. Ein Stück des Bodens war sauber gefegt worden. Wir saßen im Halbrund um Ulrich, der sich jäh erhebt, aus den Holzresten an der Wand eine verkohlte Astgabel fummelte, zu seinem Platz zurückkehrte, sich verbeugte und die kleine schwarze Gabel in der Schale mit dickem grünem Tee arrangierte.

Wir waren Zeuge geworden einer besonderen Form von „Soheit", die sich in dieser Dichte nicht arrangieren lässt. Auch Ulrich selbst war überrascht und konnte im Nachhinein nicht erklären, was in ihm vorging, als er sich spontan erhob und mit seiner Geste Anteilnahme am Verlust des Haupthauses ausdrücken wollte.

„Ein Augenblick, eine Zusammenkunft".

Bemerkenswert war, nicht nur für Detlef und Ingrid, sondern auch für uns alle, aber noch eine andere Begebenheit am Ende ihres Aufenthalts. In der Gemeinschaft ist es bis heute üblich, dass die Gäste mit einer besonderen Geste verabschiedet werden. Die Lama-Bewohner bilden einen Kreis und singen ein sehr bewegendes Abschiedslied für die abreisenden Gäste.

Vor allem Detlef wollte das nicht und sträubte sich heftig gegen jede Form von Abschiedsritual. „Ulrich, du weißt doch, dass ich diese Art der ‚Gefühlsduselei' nicht mag." Natürlich wusste ich, dass Detlef eher selten über seine Gefühle sprach oder sie öffentlich machte. „Da musst du jetzt durch, sonst beleidigst du unsere Gastgeber“, meinte ich.

Doch dieses Mal war es anders als sonst. Ich weiß nicht, ob es daran lag, dass wir dieses Seminar inmitten von verkohlten Gebäuden und einem Wald, von dem nur noch schwarze Stümpfe übrig waren, abhielten. Selbst die sonst immer gegenwärtigen Tiere schienen verschwunden – wir konnten nur ahnen, welches Leid sie durchlitten haben, falls sie überhaupt überlebt hatten.

Irgendwie muss uns in diesem Augenblick die Vergänglichkeit der Dinge und unsere eigene Endlichkeit sehr bewusst gewesen sein.

Wir standen alle im Kreis und schubsten Detlef und Ingrid in unsere Mitte. Und wir sangen das Lied, das ich so mag, und dass wir in der Gemeinschaft zum Abschied immer singen, wenn jemand abreist.

Und selbst beim Niederschreiben der Worte meine ich die wunderbare Melodie zu hören:

„May the blessings of God rest upon us"

Und ich sah, wie Tränen über Detlefs Gesicht liefen, als Ingrid sich in unserer Mitte an ihn schmiegte.

„May God's presence illuminate your soul"

Wir alle begannen zu weinen, und wir fühlten, dass wir plötzlich keine einzelnen Individuen mehr waren, sondern uns zu etwas Anderem formten.

„Now and forevermore
... forevermore ...
...forevermore ..."

Etwas in unserem Inneren war geschehen, etwas, was unsere Seelen verbindet, unabhängig von Zeit und Raum und unseren eigenen Grenzen. Wir alle fühlten, was unsere Welt zusammenhält...

Detlef konnte sich das nicht erklären und war, wie er mir später erzählte, seltsam berührt, dass diese Gruppe von Menschen ihn auf einer so tiefen Ebene erreicht hatte.

Shoshana hätte einfach nur lächelnd gesagt:
„Oh, this is easy – you were loved!"

Schweiz

Monte Verità

Ich hatte schon von einer kleinen Teeplantage, die es oberhalb des Lago Maggiore im Schweizer Kanton Tessin gibt, gehört. Aber da Mitteleuropa ja nun kein besonderes Tee-Anbaugebiet ist, habe ich das nicht so ganz ernst genommen.

Eines Tages kam Hannes, einer meiner österreichischen Teefreunde, auf die Idee, dass wir uns den Ort doch einmal anschauen könnten. Er stellte den Kontakt her und in der herrlichsten Maisonne kamen wir zu fünft in Ascona an.

Ich hatte mich schon etwas eingelesen, denn Monte Verità, der Wahrheitsberg, war ja eine der ersten spirituellen Gemeinschaften in Europa. Berühmte Schriftsteller, Tänzer und Künstler trafen sich dort über viele Jahrzehnte, um alternative Lebensformen auszuprobieren.

Und die Teeplantage und das dortige Teehaus sind untrennbar mit dem Teephilosophen Peter Oppliger verbunden. Ich erlaube mir von seiner Webseite zu zitieren:

> *Nach seinem Rückzug aus seinem Berufsleben als Inhaber der Luzerner Bahnhof-Apotheke stand der mittlerweile 66-jährige Peter Oppliger wieder einmal vor einem Berg. Wie in jüngeren Jahren, als er auf dem Ballenberg die Naturhistorischen Einrichtungen gründete. Nur war es diesmal der Berg der Wahrheit – der Monte Verità oberhalb Asconas sollte fortan seine neue Wirkungsstätte werden. Nachdem ein erstes Experiment mit einer Versuchsplantage mit rund hundert Teepflanzen auf den Brissago-Inseln äußerst erfolgreich verlief, wurde ihm vom Kanton Tessin auf dem Monte Verità Land und ein baufälliges Haus für die erste offizielle Tee-Plantage in Europa zur Verfügung gestellt. Peter Oppliger nahm die Herausforderung an und 2005 wurde eine erste Ernte erfolgreich zu einer kleinen Menge Grüntee verarbeitet. Aus dem baufälligen Haus entstand ein japanisches Teehaus, die „Casa del Tè Monte Verità".*

Auf dem Monte Verità zeigte Peter Oppliger bis zu 5000 interessierten Besuchern pro Jahr, wie der Teeanbau und die Produktion funktionieren. Auf einem nach japanischer Philosophie angelegten Teeweg führte er Besucherinnen und Besucher durch alle Stationen der japanischen Teekultur. Bis ins Teehaus, wo er regelmäßig auch Teezeremonien organisierte und ein kleines Laboratorium einrichtete. Und als dann der erste Journalist oben auf dem Berg ankam und von Peter Oppliger wissen wollte, wie er seinen Beruf denn bezeichnen würde, musste er erst Mal überlegen. „Tee-Philosoph", sagt er dann nach ein paar Momenten. Denn in einem 120-jährigen Buch des japanischen Tee-Spezialisten Okakura Kakuzo las er einmal den folgenden Satz: „Menschen, die sich intensiv mit Tee beschäftigen, sind Tee-Philosophen".

Genau das ist Peter Oppliger bis heute. Und wahrscheinlich war er das bereits, als er sich zum ersten Mal für den Grünen Tee begeisterte.

Als wir ankamen, war Peter zunächst wenig begeistert, was sich da wohl für verrückte Teeleute angemeldet hatten. Aber schon nach einer Schale Tee war das Eis gebrochen, und bis heute verbindet uns eine intensive und fruchtbare Freundschaft.

Von da an war ich – Dank Peters Einladungen – bei den jährlichen Tee-Erntefesten mit dabei. Peter bot eine wunderbare Plattform für Vorträge und Vorführungen über Tee und Zen. Und zusammen mit den Mitarbeiterinnen der *Casa del Tè* bewirteten wir viele Gäste und brachten ihnen so *Matcha*, den grünen Pulvertee, nahe.

Die jeweils anreisenden japanischen Delegationen zeigten nicht nur das Pflücken und die Verarbeitung der grünen Teeblätter, sondern waren auch eine unerschöpfliche Quelle von Fachwissen über Tee, von dem ich stark profitiert habe.

Und als Peter und Esther heirateten, durfte ich ihnen den Heirats-Tee – einen *Koicha* in einer speziellen Schale – in ihrem Haus in Gordevio zubereiten.

Inzwischen ist Peter im Ruhestand:

Nach wie vor ist er auch als Botschafter des Grünen Tees aktiv und initiiert vielerorts Teeplantagen. In Porto (Portugal) existiert seit geraumer Zeit eine „Schwesterplantage" des Monte Verità. Betrieben wird sie von Peter Oppligers Freunden Nina und Dirk Niepoort, die als Produzenten von Portwein weltweites Ansehen geniessen. In Verbania, auf der italienischen Seite des Lago Maggiore gibt es ebenfalls eine grosse Plantage. Hier wirkt Peter Oppliger gemeinsam mit seinem „Kamelienfreund" Paolo Zacchera. Auch an seinem Wohnort am Vierwaldstättersee treibt seine Philosophie des Grünen Tees schon bald Blüten – in Vitznau entsteht an den Hängen der Rigi in Zusammenarbeit mit einem Weingut in einem Rebberg eine neue Teeplantage. Bereits im Maggiatal hat Peter Oppliger mit dem Winzer Robin Garzoli eine Tee-Plantage in einem Rebberg angelegt.

Fragt man Peter Oppliger nach seinem Lieblingsgetränk, antwortet er: „Wasser, Grüntee, Rotwein. Denn ein guter Rotwein enthält die gleiche Polyphenole wie Grüntee“.

Inzwischen wird die *Casa del Tè* mit ihrer Teeplantage von Tobias und Corinne unter der neuen Leitung von Länggass-Tee in Bern weitergeführt.

Daheim

Zollhäusle

Inzwischen war ich ins „Zollhäusle“, einem kleinen Dorf zwischen Villingen und Schwenningen – der ehemaligen Grenze zwischen Württemberg und Baden – gezogen.

Hartmut, den ich ja von den Zen-*Sesshin* her kannte, bot mir an, bei ihm zu wohnen und gemeinsam etwas aufzubauen. Er betrieb damals schon ein vegetarisches Restaurant und war einer der ersten, die in Deutschland Tofu produzierten.

Ein alter Stall auf dem Gelände stand leer, und Hartmut meinte, dass er sich doch gut als Teehaus eignen würde. Hartmuts Vater hatte dort vor vielen Jahren die Viehtränken herausgemeißelt und einen einfachen Dielenboden eingezogen.

Das ganze Unterfangen war ein ziemliches Abenteuer, denn ich verstand nicht viel vom

Bauen – nur das, was ich während meiner Landwirtschaftsausbildung gelernt hatte. Zuerst musste der alte Boden raus – darunter war zwischen den Balken eine dicke Schicht Isolierwolle, die sich über die Jahre in eine Art Mäuseparadies verwandelt hatte. Die Matten waren völlig durchnässt und stanken fürchterlich. Hartmut und ich beluden – mit Mund- und Nasenschutz ausgerüstet – den alten VW-Bus und fuhren das Ganze als Sondermüll auf die Deponie. Zuerst musste also das Häuschen „mäusedicht" gemacht werden. Glücklicherweise gab es in der Nähe ein Liapor-Werk, und von dort bezogen wir die kleinen Tonkügelchen, die wir als Schüttung im Boden der Hütte als ideale Isolierung verwendeten. Da sich Mäuse in diesen Kügelchen nicht gut bewegen können, war von da an Ruhe vor den Nagetieren.

Da ich neben dem Teeraum auch wohnen wollte, musste ich einen kleinen Anbau errichten. Ich hatte allerdings keine Ahnung, wie man ein Fundament gießt, aber im Dorf gab es noch einen alten pensionierten Handwerker, der auch sein eigenes Haus gebaut hatte. Er sagte mir, dass ich erst einmal eine Eisen-Armierung herstellen müsste, sonst würde der Beton reißen. Er zeigte mir wie es geht, und ich machte mir Gedanken, woher ich den Beton beziehen könnte. Und auch da wusste mein alter Handwerkerfreud Rat: „Weißt du, die Betonlaster an den Baustellen haben immer Restbeton in ihren großen drehenden Trommeln. Du suchst einfach eine Baustelle und fragst einen der Fahrer, ob er auf dem Rückweg etwas Beton bei dir abladen könnte."

Das hat tatsächlich funktioniert. An einem Nachmittag fuhr ein riesiger Zementlaster auf den Hof. Der Fahrer lachte, als er sah wie klein meine zwei Fundament-Mauern werden sollten: „Na, wie viele Tonnen brauchst du denn?" Ich brauchte ja nur etwa zwei große Schubkarren voll, die ich schon bereitgestellt hatte. „Die Schubkarren kannst Du nicht nehmen, die sind zu schwach", meinte der Fahrer. Ich glaubte ihm natürlich nicht und meinte nur: „Füll' sie einfach bis oben hin, dann kann ich den Beton leichter zu den vorbereiteten Ausschachtungen fahren." Er zuckte nur mit den Schultern und öffnete den Hahn, bis der Beton langsam in den ersten Schubkarren floss. Ich hatte ja keine Ahnung wie schwer Beton ist, und der Schubkarren war noch nicht mal halb voll, als er „in die Knie" ging. Die Radaufhängung brach ebenso wie die beiden Stützräder, und der ganze Beton floss neben meinen inzwischen total platten Schubkarren. Der Fahrer amüsierte sich köstlich, und ließ den Beton danach einfach auf die Erde fließen. „Was bin ich Dir schuldig?“, fragte ich noch. „Nichts“, meinte er „das Ganze war so lustig, Du hast mir einen fröhlichen Feierabend spendiert!“

Man sollte eben doch besser auf die Fachleute hören.

Der Stall blieb außen so schäbig, wie er vorher schon war, aber das Innenleben wurde ganz Japanisch gestaltet mit *Tatami* und den entsprechenden Papierschiebetüren. Wir hatten schließlich zwei Teeräume, einen Vorbereitungsraum und eine kleine Nasszelle mit Dusche und Toilette, die wir „schwarz“ in einer Nacht- und Nebelaktion an die öffentliche Kanalisation angeschlossen haben.

Ich hatte ja immer mein japanisches Teehäuschen im Shinnjo-ji vor Augen, in dem ich zwei Jahre gewohnt habe. Und so fehlte nur noch der entsprechende Garten. Da auf der Baar natürlich keine der in Japan üblichen Pflanzen wachsen, stand mir mein Teefreund Hans aus Tübingen als Gartenarchitekt zur Seite. Mit ihm zusammen haben wir dann den Garten geplant und verwirklicht.

Ich zitiere wieder meinen Teefreund Detlef:

Von den Höhen des Black Forest ging es dann nach Osten in die Ebene der kalten Baar. Im "Zollhäusleweg 3" in der Nähe von Villingen-Schwenningen baute der Zen-Mönch Seizen Haas wunderschöne Tee-Räumlichkeiten in einen aufgelassenen Schopf so geschickt ein, dass von diesem „Haus im Haus" die zuständigen Behörden erst nach Einweihung im Dezember 1993 Kenntnis nahmen.

Ins Baar-Buch der Rekorde ging das Gelände aber dennoch ein: Nie zuvor wurden so große Findlinge von einem bekannten Tübinger Gartenarchitekten antransportiert und nach Meinung der Einheimischen sinnlos vergraben. Nie zuvor auch war in der Region eine so große Teichfolie nahtlos für einen kleinen See samt Insel verlegt worden.

Wir hatten tatsächlich einen großen Teich hinter dem Teehaus geplant, und einen Baggerfahrer konnte ich überreden, nach Feierabend das doch recht große Loch auszuheben, im Tausch gegen zwei Kästen *Tannenzäpfle,* dem lokalen Bier.

Detlef hatte die Teichfolie spendiert, die in einem riesigen Paket von einer Spedition angeliefert wurde. Aber wie bringt man die unglaublich schwere Folie möglichst ohne Falten in das riesige Loch? Wir wussten keinen Rat, bis Hans schließlich die Firma anrief und fragte, wie man eine so große Folie ausbringen soll. „Das ist ganz einfach“, sagte der Experte „wir haben die Folie als Paket schon so zusammengelegt, dass sie mit zwei Personen ganz leicht auszubringen ist. Ihr schlagt die Seiten des Pakets auf und wickelt etwa zwei Meter ab. Dann wedeln zwei Personen ganz leicht, bis sich genug Luft unter der Folie gebildet hat, so dass man sie leicht schwebend über das ganze Teichloch ziehen kann.“ Gesagt – getan. Wir waren alle überrascht wie einfach das geht – wenn man weiß wie…

Im Zollhäusle wurde auch unsere Tochter Miriam geboren, was unser Leben natürlich entscheidend veränderte.

Der Chronist Detlef beschrieb es so:

Aus dem Zen-Mönch wurde ein Familienvater. Ingrid und ich erinnern uns immer wieder gerne an den Unterricht, den wir zusammen mit Susann im Zollhäusle hatten. Die später Miriam genannte Tochter war immer sichtbarer dabei, und man wird sehen, wie sich diese pränatale Prägung einmal manifestieren wird.

Hochzeit

Bevor Miriam zur Welt kam, heirateten Susann und ich zunächst einmal standesamtlich an einem kalten Nikolaustag im Dezember. Unsere Hochzeitsfeier fand erst im darauffolgenden Frühling im Restaurant von Hartmut im Zollhäusle statt.

Die konservative Schweizer Verwandtschaft meiner Frau hatte es nicht ganz leicht, denn es war eine ziemlich ungewöhnliche Hochzeit. David und Shoshana reisten aus den USA an, denn wir wollten von David, der ja Rabbiner war, getraut werden.

Eine kleine Bühne war aufgebaut, und unsere Hochzeit begann mit einer kurzen Rede von David. Anschließend bereitete Shoshana in völliger Stille eine Schale *Koicha* zu, die wir uns beide teilten. Die *Chuppa*, der Baldachin, unter dem wir saßen, wurden jeweils von zwei Freunden der Braut und des Bräutigams gehalten. Danach folgten die Segenssprüche zum Wein, und als schließlich das Glas zerschmettert wurde, riefen alle „Masel-Tov!"

Wir sangen christliche Lieder und rezitierten buddhistische Sutren – eine wahrhaft multireligiöse und multikulturelle Hochzeit!

Dem jüdischen Ritual folgend, wickelten wir uns nach dem Zeremoniell in die *Chuppa* und verließen die Hochzeitsgesellschaft, um einige Zeit in Stille und Kontemplation zu verbringen, bevor wir uns wieder zu den anderen gesellten.

Normalerweise ist eine Hochzeit ja laut und sehr lebhaft. Um so überraschter waren wir, als uns viele Gäste später erzählten, dass sie die absolut stille halbe Stunde, während Shoshana den Tee zubereitete, besonders beeindruckend fanden und sie sehr genossen hätten.

Österreich

Braunau und Aching

Eines Tages erhielt ich einen Brief aus Österreich von einem Teefreund, der am Münchener Teehaus lernte und von mir gehört hatte. Wir verabredeten uns, und eines Tages traf Peter mit dem Zug ein. Wir verstanden uns auf Anhieb und stellten fest, dass wir – außer dem Tee – noch eine weitere Gemeinsamkeit teilten: die Lyrik von Gottfried Benn. Mich haben seine Gedichte auf alle meine Auslandsreisen begleitet, und bis heute steht immer noch dieselbe Gedichtsammlung in meinem Bücherregal.

Von da an trafen wir uns regelmäßig in der Osterwoche bei mir und übten gemeinsam Tee. Und über die Jahre entwickelte sich eine intensive Freundschaft. Für mich war diese Freundschaft ungemein fruchtbar, denn Peters tiefgründiges Wissen über Religionen, Philosophen und die Psychologie haben mich in vieler Hinsicht auf meinem Lebensweg tief beeinflusst. Und ohne Peter und seine Frau Martha wäre mein Leben sicher in ganz anderen Bahnen verlaufen.

Peter baute ein wunderbares kleines Teehaus, und Hans aus Tübingen legte den Garten an, der sich bald ganz japanisch um das Teehaus fügte.

Durch Peter lernte ich noch einen Hans kennen. Auch er plante ein Teehaus in seinem Garten, direkt an der Mattig, einem kleinen Flüsschen, das durch das Dorf Aching fließt – also ein idealer Platz. Hans hatte aber Mühe mit der örtlichen Genehmigung durch die Baubehörde. Also wurde der Rohbau des kleinen Häuschens ganz landwirtschaftlich als „Hasenstall" deklariert. Um aber schließlich doch allen Widrigkeiten zu entgehen, wurde kurz darauf das ganze Häuschen in die Nähe des Wohnhauses versetzt, wo es auch heute noch – ganz legal – steht. Als wir die Hütte feierlich im Beisein vieler Freunde und der Familie einweihten, wurde der treffende Name des Teehäuschens enthüllt: *To-gawa-an* – die „Hase-im-Fluss-Hütte".

Wir drei Teefreunde machten über mehrere Jahre kleinere und größere Kulturreisen, auf denen uns der Tee verbunden hat. Für diese

Möglichkeit bin ich unendlich dankbar, denn ohne die beiden Freunde hätte ich viele Orte, die ich immer schon sehen und besuchen wollte, nie erreicht. Und Peter, der die meisten unserer besuchten Städte schon von eigenen Reisen kannte, war ein wunderbarer Reiseführer zu den ungewöhnlichsten und faszinierendsten Orten.

Peter ist inzwischen verstorben und hinterlässt eine große Lücke, aber mit Hans und den anderen österreichischen Teefreunden treffe ich mich noch regelmäßig in Aching oder Wien zum Tee und gemeinsamen Austausch.

Tee ist eben immer da – ohne Einschränkungen durch Raum und Zeit.

Teeraum

Dass ein Teehaus, auch ohne nun eine Teezeremonie durchzuführen, ein besonderer Raum ist, habe ich schon in Japan gemerkt, als ich in dem alten Teehäuschen im Shinnyo-ji lebte. Vielleicht, weil die Räume mit ihrem gedämpften Licht leer sind und eine Art „Geheimnis" ausstrahlen, das ich nicht beschreiben kann.

Peters Teehaus bekam noch eine weitere, für mich sehr wichtige Bedeutung:

Ich war gerade zu Besuch in Braunau und wurde in einer kleinen Familienpension untergebracht. Eines Morgens – es war noch dunkel – wachte ich schweißgebadet auf und zitterte am ganzen Körper. Ich weinte und wusste nicht warum, als plötzlich die Albträume der vergangenen Nacht zurückkehrten. Ich war wieder als kleiner Junge im Internat, der Gewalt und dem Missbrauch der Erzieher ausgeliefert.

Warum ausgerechnet jetzt? Was war geschehen? Hat das nun mit der Prophezeiung der Frau in der Wüste Israels zu tun?

Ich musste mich übergeben – all diese wohl immer unterdrückten Erinnerungen kamen mit solch großer Macht über mich, dass ich mich körperlich krank fühlte.

Als Peter mich etwas später zum Tee abholte, merkte er natürlich, dass es mir nicht gut ging und dass irgendetwas nicht stimmte. Ich erzählte ihm, was geschehen war, und er konnte all dies ziemlich gut nachvollziehen. Martha, seine Frau – ebenfalls Psychologin und Psychotherapeutin – bot sofort an, mir zu helfen.

Über die nächsten Jahre reservierte mir Martha während meiner Aufenthalte jedes Mal viele Stunden in ihrer Praxis. Die Technik, die sie zur Aufarbeitung meiner Kindheitserlebnisse verwendete, nennt sich *Katathymes Bilderleben.* Für mich war das genau die richtige Methode, mich meiner Vergangenheit mit ihren Schatten und dunklen Orten zu stellen.

Oft saß ich nach den Therapiestunden in Peters kleinem Teehaus, im Halbdunkel, in der Stille, und weinte um meine verlorene Kindheit. Und jedes Mal, nach einer gewissen Zeit, fügte sich vieles, wich einem tieferen Verständnis und einer klareren Einsicht, und ich spürte die tiefe Dankbarkeit, dass Martha und Peter mir einen Weg gezeigt haben, der meine Schmerzen immer weiter aufgelöst hat.

Und ich wusste, ein Teeraum ist ein heilsamer Raum.

Deutschland

Berlin

Oiemoto, der Großmeister der Urasenke, und auch sein Sohn – damals Wakasosho, junger Meister, genannt – haben über die Jahre zu verschiedenen Anlässen Deutschland besucht. Einige davon sind mir in lebhafter Erinnerung, auch weil ich - zusammen mit meiner Pariser Kollegin – für die Organisation mitverantwortlich war.

Es war schon seit langem der Wunsch des Großmeisters einen Gedenktee an der ehemaligen „Berliner Mauer“ durchzuführen. Nach längerem Suchen fiel die Wahl auf den Friedhof mit der „Gedenkstätte für die Opfer des Zweiten Weltkriegs und der deutschen Teilung“. Direkt hinter dem Gedenkstein verlief noch ein längeres Stück der Berliner Mauer, an der Oiemoto einen Gedenktee zubereiten wollte. Wir bauten eine niedere, mit weißem Stoff bezogene Plattform vor dem Gedenkstein auf, an der Oiemoto im Beisein des japanischen Botschafters und auch des Regierenden Bürgermeisters von Berlin mit einem Opfer-Tee der Verstorbenen gedachte.

Daneben waren – im Rahmen eines Friedensforums der Humboldt-Universität – noch andere Veranstaltungen vorgesehen. In diesen Tagen war ich als einziger Deutscher in der Gruppe natürlich ziemlich beschäftigt, denn alle Veranstaltungen sollten ja ohne Problem ablaufen können.

Das Frühstück mit Oiemoto im Hotel Adlon fand immer schon um sechs Uhr morgens statt. Dabei wurden auch die Aufgaben für den Tag festgelegt und organisiert.

Eines Morgens sprach mich Oiemoto beim Frühstück direkt an: „Heute möchte ich, dass du mit mir kommst; ich möchte mir einige Dinge in der Stadt anschauen."

Pünktlich holte uns der japanische Chauffeur mit der großen Limousine ab, und gemeinsam fuhren wir zunächst zur Museumsinsel. Die großartigen Ausstellungsstücke schienen Oiemoto aber nicht sehr zu interessieren. Er lief ziemlich zielstrebig zwischen den Statuen in

Richtung Museums-Shop, um dort die in Japan so wichtigen Mitbringsel einzukaufen.

Mein Begleiter interessierte sich mehr für den Berliner Dom, und so gingen wir zu Fuß die wenigen Schritte hinüber zur Kirche. Es war ja ein ruhiger Morgen an einem Werktag, so dass wir als einzige Besucher die Treppen zum Portal hinaufstiegen.

Manchmal geschehen schon wundersame Dinge… Denn genau in dem Moment, als wir das Kirschenschiff betraten, begann die Orgel zu spielen: Die wunderbar bewegenden Töne einer Bachkantate füllten den riesigen Raum, während wir den Mittelgang hinuntergingen. Oiemoto setzte sich vorn in eine Bank, und ich – aus Respekt – einige Bänke hinter ihn. So lauschen wir still der Musik.

Private Momente mit dem Großmeister sind ausgesprochen selten, aber nun drehte er sich plötzlich um, winkte mich heran und bat mich sich neben ihn zu setzen. Nach einer Weile holte er ein Foto seiner verstorbenen Frau Tomiko aus der Brieftasche und stellte das Foto vor uns hin. „Du weißt ja, dass meine Frau Christin war…“, flüsterte er mir zu, „deshalb wollte ich unbedingt den Dom besuchen." Und so saßen wir eine ganze Weile, während Tränen über unsere Wangen rollten und dachten an sie. Ich hatte sie sehr gemocht, denn sie war eine wunderbare Frau und hatte sich immer sehr aufopfernd um uns Ausländer in Urasenke gekümmert.

Inzwischen hatte die Orgel aufgehört zu spielen, und wir standen still auf und gingen langsam wieder hinaus. Draußen setzten wir uns auf die Treppenstufen, und Oiemoto schaute mich an: „Als ich gestern an der Berliner Mauer einen Gedenktee machen durfte, war das ein lang gehegter Wunsch von mir. Und nach dem Tee musste ich nicht nur daran denken, wie viele Menschen durch den Bau dieser Mauer von ihren Familien getrennt wurden oder bei der Flucht ihr Leben verloren. Ich musste auch daran denken, wie ich als ganz junger Pilot im Militär schon mit meinem Leben abgeschlossen hatte und bereit war, in das kleine Flugzeug zu steigen, um mich schließlich im Pazifik selbstmörderisch auf ein feindliches Schiff zu stürzen. Und da war plötzlich der Krieg zu Ende, gewissermaßen in letzter Minute. Ich hatte Glück, viele andere nicht. Deshalb bereise ich die Welt mit meiner Vision *Frieden durch das Teilen einer*

Schale Tee. So ein Krieg darf nie wieder geschehen, deshalb bin ich hier, und ich freue mich, dass Du auch ein Teil meiner Mission bist."

Lübeck

Oiemotos Sohn, damals noch Wakasosho und designierter Nachfolger, kam auch einige Male zu Besuch nach Deutschland. Da er als Schriftsteller und Fotograf auch ein großer Verehrer deutscher Literatur ist, war er bei seinen Besuchen nicht nur als „Tee-Botschafter" unterwegs, sondern auch immer auf den Spuren der deutschen Literatur.

Bei einem seiner Besuche war neben Veranstaltungen in Berlin und Hamburg, auch ein Besuch des Buddenbrook-Hauses in Lübeck geplant. Sein großer Wunschtraum war, für Thomas Mann dort einen Gedenk-Tee zu offerieren.

Ich erinnere mich noch gut an die Reisen zur Vorbereitung der einzelnen Veranstaltungen und besonders an meinen Besuch beim Direktor und dem Kuratorium des Buddenbrook-Museums im Stammhaus der Manns mitten in

Lübeck. Ich versuchte den doch recht konservativen Damen und Herren zu erklären, dass ein bekannter Tee-Meister aus Japan extra anreisen würde, um im Gedanken an Thomas Mann eine Teezeremonie durchzuführen. „Wer ist das? Was will er in unserem Museum?" So klangen die ungläubigen Fragen, die auf mich einstürmten. Ich brauchte Unterstützung, und mit Hilfe des japanischen Konsuls aus Hamburg gelang es schließlich die Fördermitglieder des Museums umzustimmen.

Detlef hat das wunderbar beschrieben:

Wakasosho Sen Soshi musste sich nicht wie sein Vater angesichts der Siegermächte „Frieden durch eine Schale Tee" Tag für Tag neu bewusst machen. Geboren am 7. Juni 1956 war für ihn der Friede im pazifistisch orientierten Japan der Nachkriegszeit gegeben. Er wurde nicht gezwungen, das todbringende ABC eines Marinefliegers zu verinnerlichen, sondern konnte eigenen Abenteuern des Geistes nachgehen: Als Fünfundzwanzigjähriger reiste er erstmals nach Lübeck, um sich vor Ort mit dem Milieu der Buddenbrooks vertraut zu machen

Als der Vater in den fünfziger Jahren des vorigen Jahrhunderts begann, den Teeweg in den USA praktisch zu veranschaulichen, mussten er und seine Frau Teeraum-ähnliche Verhältnisse improvisieren, indem sie Betttücher auslegten und mit schwarzem Band befestigten, das an die Kanten der Tatami erinnern sollte. Als der Sohn am 17. Juni 2001 im Rathaus der Freien und Hansestadt Hamburg den Teeweg erläuterte, war schon alles gerichtet, auf den Voraustrupp hochrangiger Teelehrer aus Kyoto und die lokalen Repräsentanten von Urasenke war wie immer Verlass.

Wichtiger als der offizielle Auftritt anläßlich der japanischen Kulturwoche in Hamburg war für Wakasosho die zweite Station seines fünftägigen Aufenthaltes in Deutschland. Im Landschaftszimmer des Buddenbrookhauses in Lübeck zelebrierte er am Nachmittag des 18. Juni einen Tee im Andenken an sein großes Vorbild Thomas Mann:

“Wakasosho was able to fulfill a long dream of his when, at the Buddenbrookhaus, he conducted a teaoffering dedicated to Thomas Mann. Sitting on a tatami-platform which had been specially set up, he prepared a bowl of tea, and reverently placed it before a portrait of that esteemed man of letters”.

So stand es im Heft Nr. 93 des Urasenke Newsletters. Sehr viel persönlicher als die amtliche Berichterstattung der "Chado Urasenke Tankokai Headquarters" aus Kyoto ist die Darstellung in der Lokalpresse:

„Vor 20 Jahren, als sehr junger Mensch, besuchte ich Lübeck“, so Sen. Schon damals interessierte er sich besonders für Thomas Mann. In seiner Heimat hat Wakasosho bereits zwei Bücher über Lübeck und den Schriftsteller herausgebracht.

Soshi Sen ist ein wirklicher Verehrer Thomas Manns. Die Reise in die Hansestadt nannte er deshalb „eine Pilgerfahrt zur heiligen Stätte“. Vor zwanzig Jahren sei er bereits einmal in Lübeck gewesen, so der Meister, „mit den japanischen Übersetzungen der Werke Thomas Manns unter dem Arm“. Ein Bild des Schriftstellers hänge in seinem Arbeitszimmer, und besonders schätze er den Gedanken Manns, „sich selbst gegenüber streng zu sein und den eigenen Weg zu finden". Soshi Sen zeigte sich tief bewegt und dankte dafür, das Buddenbrookhaus mit der Zeremonie „beschenken zu dürfen".

Den Ablauf des Chado lernten gestern gut zwanzig geladene Förderer des Buddenbrookhauses kennen. Langsam, konzentriert und sorgfältig goss Soshi Sen im Landschaftszimmer Wasser in grünes Teepulver, schlug die Mischung mit einem Schneebesen aus Bambus und stellte schließlich eine Schale auf einen kleinen Sekretär, auf dem ein Bild Manns stand. Wakasosho trug während des Chado die „Maske", eine Art Mundschutz – um den Tee nicht „durch den eigenen Atem zu verunreinigen", sagte er. Die gut zwanzigminütige Zeremonie sei einer der glücklichsten Augenblicke seines Lebens, erklärte Soshi Sen im Anschluss: „Mir wären fast die Tränen gekommen".

Wie in der Presse beschrieben, waren vor allem die Erklärungen von Wakasosho, nachdem er den Tee zubereitet hatte, sehr bewegend und anschaulich. Endlich konnten die anwesenden Gäste verstehen, warum ein Tee-Meister extra aus Japan kam, um für Thomas Mann einen Gedenktee zuzubereiten.

Über die vielen Jahre habe ich von den unterschiedlichsten Veranstaltungen eher selten ein Echo bekommen. Aber hier, nach einigen Wochen, traf ein offizieller Brief des Museums bei mir ein, worin sich das Kuratorium ganz herzlich für den Besuch von Wakasosho bedankte und betonte, wie bewegend dies alles für sie gewesen sei.

Ostfriesland

Für einen Schwarzwälder – auch wenn er viele Länder bereist hat – ist eigentlich alles, was nördlich von Frankfurt liegt, ebenfalls Ausland.

Ich hatte natürlich im Lauf meines Lebens immer wieder vom legendären Ostfriesentee gehört, mich aber nie ernsthaft damit beschäftigt.

Ich war von der Berliner Teegruppe zu einem Seminar in Brandenburg bei Gesine und Rainer in Bartschendorf eingeladen. Dort haben die beiden nicht nur einen der wohl schönsten japanischen Gärten in Deutschland, sondern auch ein Teehaus mit dem dazugehörigen Teegarten, einschließlich einer *Matchiai*, der speziellen überdachten Wartebank für die Gäste, verwirklicht.

Albrecht, einer der Teilnehmer erwähnte im Gespräch, dass er aus Friesland stamme, was natürlich meine Neugier weckte. Und so entschloss ich mich, beim nächsten Besuch in Bartschendorf die Reise in den Norden mit einem Besuch in Ostfriesland zu verbinden.

Ich trat also wieder mit Albrecht in Verbindung, der sich sofort bereit erklärte, mich in die Welt des Ostfriesentees einzuführen. Durch seine Verbindungen zum „Ostfriesischen Teemuseum“ in Norden, organisierte er dort für mich einen Vortrag über den japanischen Teeweg.

Zusammen mit seinem Jugendfreund Lars, Pastor im Ammerland, organisierte Albrecht nach meinem Vortrag ein mehrtägiges Programm auf den Spuren des Ostfriesentees. Ich hatte großes Glück, denn mit meinen beiden Gastgebern und Reiseführern hatte ich zwei echte Experten für den Ostfriesentee an meiner Seite, die mir alle Türen in eine für mich völlig neue Teewelt öffneten.

Zusammen mit Albrecht und Lars besuchten wir Franz Thiele in seinem Teekontor und Handelsunternehmen „Thiele & Freese“ in Emden. Er bewirtete uns zunächst in seiner Probierstube, wo ich auch lernte, wie man den Ostfriesentee richtig zubereitet und trinkt. Beim Besuch in Thieles beeindruckendem Verkostungsraum, wo für seinen berühmten „Thiele Silber“ in der Hochsaison bis zu 200 Sorten Tee verkostet werden, stieß sein Sohn zu unserer kleinen Gruppe und erzählte uns, dass er gerade von einer Japanreise zurückgekehrt sei, wo er sich über den dortigen Tee informiert hatte.

Franz Thiele machte uns auch auf sein neuestes Produkt aufmerksam: Ostfriesentee-Eis, das wir anschließend in der Stadt bei einem kleinen Rundgang auch gleich probieren konnten.

Wir besuchten natürlich auch das Teemuseum des Kontors Bünting in Leer. Dort verkosteten wir den bekannten „Bünting Grünpack". Zusammen mit „Thiele & Freese" sind sie die größten Tee-Produzenten in Ostfriesland. Leer ist zudem eine wunderschöne und bezaubernde Stadt, die ich sofort ins Herz geschlossen habe.

In Albrechts „Teebrief" fand ich später noch einige wichtige Informationen über unseren einheimischen Teeweg:

> *Ostfriesland ist, wie der Name sagt, der östliche Teil Frieslands, einer der alten Herzogtümer des mittelalterlich deutschen Reiches. Allerdings gab es in Friesland keinen Adel, sondern Friesland war eine Bauernrepublik. Bis heute gibt es das Bewusstsein für die friesische Freiheit. In der frühen Neuzeit kamen lokale Häuptlinge an die Macht. Keine Adeligen, sondern eben Bauern.*
>
> *Seit 1648 lag Ostfriesland (mittlerweile zur Grafschaft geworden) buchstäblich am Rand, denn die Niederlande im Westen waren selbständig geworden und gehörten nicht mehr zu Deutschland.*

Es gab vielfältige Kontakte nach Holland, dort war leichter Arbeit zu bekommen. Viele Ostfriesen arbeiteten dort, viele Holländer machten Geschäfte in Ostfriesland.

1610 importierten die Holländer den ersten Tee nach Europa. Bald darauf entstanden die ersten Geschäfte, die ersten sind 1675 in Leer bezeugt.

Teetrinken wurde von der Religion gefördert – Calvinisten und Pietisten schätzen, dass Tee nüchtern machte, während Alkohol berauschte und ermüdete. Vor dem Tee war Bier das Hauptgetränk in Ostfriesland gewesen. Zudem wurde das Wasser für die Teebereitung abgekocht, es war also gesundheitlich unbedenklich.

Tee war zunächst teuer und ein Luxusgetränk. Aber von 1718 gibt es eine Notiz, bei den Marschbauern (das sind die reichen Bauern) „wolle es Mode werden, Tee zu trinken".

Friedrich der Große von Preußen kam 1744 friedlich in den Besitz von Ostfriesland: Und er begann den „Teekrieg“, er wollte, dass kein Geld mehr für importierten Tee ausgegeben würde, stattdessen solle wieder Bier getrunken werden. Er verlor diesen Krieg, was zeigt, wie wichtig das Teetrinken damals bereits geworden war.

Im Gegensatz zu Bier hat Tee keine Kalorien, er nährt also nicht. Deswegen wahrscheinlich der Zusatz von Zucker und Sahne, dadurch wird jedes Köppje Tee nahrhaft.

Im 19. Jahrhundert begannen zunächst die Niederländer auf Java, später die Briten in Indien in ihren Kolonien Tee anzubauen. Sie wollten unabhängig vom damaligen chinesischen Monopol werden. Speziell im nordindischen Assam produzierten sie sehr starke Schwarztees.

Ostfriesische Mischungen bestehen seit der 2. Hälfte des 19. Jahrhunderts immer aus viel Tee aus Assam, dazu können Tees aus Darjeeling, aus Ceylon und auch indonesische Tees gemischt werden. Das ist ein-

zigartig: die Ostfriesen mischen die Tees zweier Kolonialreiche.

Heute gilt die Ostfriesische Mischung als die stärkste Schwarzteemischung weltweit.

Und die Ostfriesen sind die Weltmeister im Teetrinken: dort wohnt weniger als 2% der Bevölkerung Deutschlands, aber dorthin gehen mehr als 25% der deutschen Teeimporte. Wäre Ostfriesland ein eigenes Land, hätte es den höchsten Pro-Kopf-Verbrauch der Welt: 300 Liter pro Person (im statistischen Mittel, Kinder und Greise mitgerechnet).

Bei den Ländern führt nach Angaben des Deutschen Teeverbands die Türkei. Dort waren es – im Mittel der Jahre 2012 bis 2014 – pro Person 283 Liter, gefolgt von Afghanistan mit 279 Litern und Libyen mit 275 Litern. Im Tee-Land Großbritannien wurden im Durchschnitt 201 Liter konsumiert. Der Welt-Durchschnitt liegt bei 40 Litern im Jahr, der deutsche bei gerade mal 28.

Obwohl in Ostfriesland der Tee eine so wichtige Rolle spielt, war ich doch überrascht, dass in den meisten Cafés ausschließlich Ostfriesentee in Beuteln angeboten wird.

Als ich die Kuratorin im Teemuseum in Norden darauf ansprach, nannte sie mir den Namen eines Cafés in der benachbarten Fußgängerzone, das ich auch gleich besuchte. Die Bedienung schien fast überrascht, dass ich den „echten Ostfriesentee" bestellte. Und auf meine Nachfrage hin erzählte sie mir, dass inzwischen jedes Jahr zu viele Touristen kommen, die den richtig zubereiteten Tee nicht zu schätzen wissen und auch die Zeit dafür nicht mitbringen würden – eigentlich schade.

Auch mein Teefreund Hans in Tübingen trinkt schon seit vielen Jahren den „Bünting Grünpack", aber bei unserem gemeinsamen Teetrinken, hatte ich das nie richtig zur Kenntnis genommen. Inzwischen genieße ich regelmäßig Ostfriesentee, und von Albrecht habe ich gelernt, wie man ihn richtig zubereitet (siehe Anhang).

Übrigens: Nur Tees, die in Ostfriesland gemischt und verpackt werden, dürfen als „echter

Ostfriesentee“ in den Handel kommen. Die ostfriesischen Teefirmen haben ihren Konkurrenten aus Deutschland diese Bezeichnung gerichtlich verbieten lassen.

Und es gibt noch eine Gemeinsamkeit zwischen Matcha, dem japanischen Pulvertee, und dem Ostfriesentee: Beide sind „Blended Teas“. Das heißt, dass die Verkoster jedes Jahr nach der Ernte unzählige Tees neu verkosten müssen, so dass sie wieder etwa gleich schmecken wie im Vorjahr und auch preislich nicht aus dem Rahmen fallen. Wenn ich also einen *Matcha* mit dem poetischen Namen *Shohaku* von der Plantage „Koyamaen“ oder einen Ostfriesentee mit dem Namen *Thiele Silber* kaufe, weiß ich immer genau, welche Qualität ich bekomme und was der Tee etwa kostet. Beim Ostfriesentee gibt es noch eine weitere Schwierigkeit beim Verkosten: das Verhältnis von teureren Blatt-Tees zu den sogenannten Broken Teas.

Es wird Zeit eine Kanne Ostfriesentee aufzubrühen!

Meister und Schüler

Nach einem Unterricht im Münchner Teehaus, fragte mich eines Tages ein Journalist: „Was ist eigentlich ein Tee-Meister?" Keine leichte Frage... auch ich habe mir darüber schon öfter Gedanken gemacht, aber in diesem Fall war ich nicht in der Lage eine klare Antwort zu geben.

Später saßen wir wieder einmal mit Freunden in kleiner Runde in einem japanischen Restaurant zusammen, als die Frage wieder auftauchte. Und Ferdinand deutete auf den anwesenden bekannten Zen-Meister aus München: „Zen-Meister!", dann auf die nächste Person: „Tee-Meister!", und schließlich auf sich selbst: „Hausmeister!" Ich bin mir nicht sicher, ob die japanischen Freunde dieses Wortspiel verstanden haben; mir allerdings ist diese kleine Episode immer im Gedächtnis geblieben.

Wenn mich jemand als „Tee-Meister" bezeichnet, weil ich mein „Handwerk" ordentlich gelernt habe, so bin ich damit einverstanden – wie eben auch ein Hausmeister, Maurermeister oder Malermeister. Als „geistiger" Meister oder jemand, der vielleicht irgendetwas erreicht hat, möchte ich mich nicht verstanden wissen.

Einer der großen geistigen Lehrer in den USA, David A. Cooper, schreibt über seine Lehrer, dass sie ihr „Handwerk“ verstanden hätten und ihn deshalb weitergebracht haben. Darüber hinaus hat er auf seinem Weg Menschen kennengelernt, die er als „Lehrer des Herzens“ bezeichnet – ein Ausdruck, der mich sehr berührt.

Auf meinem Weg bin ich auch vielen „Lehrern des Herzens“ begegnet, von denen mich nicht wenige bis heute begleiten. Und unendlich vieles, was ich vom und über den Teeweg gelernt habe, kam und kommt von Menschen, die nicht einmal wissen, dass es überhaupt einen Teeweg gibt.

„Was gibt Ihnen der Teeweg?“, war die andere Frage des Journalisten, und ich habe ihm geantwortet, dass es eher die kleinen Dinge sind, die mich in meiner Tätigkeit bestätigen und beglücken. Wenn ein Teefreund unendlich viel Mühe mit der Form im Teeweg hat, und es nach mehreren Jahren Geduld dann plötzlich „Klick“ macht, und die Puzzleteile, die dem Übenden so viel Mühe machten, dann von selbst an den richtigen Platz fallen, empfinde ich ein tiefes Gefühl der Freude, das ich mit demjenigen teilen kann.

Neulich bekam ich im Brief eines langjährigen Teefreundes ein Foto geschickt, das nach einer Tee-Einladung in seinem Teeraum aufgenommen worden war. Auf dem Foto sehe ich ganz entspannte, fröhliche Menschen, die etwas ausstrahlen, was selbst auf dem Foto sichtbar wird: ein Moment des gemeinsamen Glücks und eine tiefe Zufrieden- und Gelassenheit, die sie teilen. Und da sage ich mir: schau, wenn der Teeweg so etwas bewirken kann, bin ich doch auf dem richtigen Weg!

Und noch ganz frisch in Erinnerung von einem Seminar-Wochenende: Ein sehr fortgeschrittener Teefreund, den ich immer nur einmal im Jahr zu eben diesem Seminar treffe, und der mit sich ungeheuer streng und unerbittlich ist, und selbst bei anderen Teefreunden kaum einen „Fehler" tolerieren kann, beginnt. Entspannt und unendlich ruhig und gelassen bereitet er den Tee, strahlt eine neue Sicherheit aus, jetzt nahezu von der Form „befreit", ist er auf einmal ganz präsent im Teeraum. Was für eine wundervolle Wandlung seit unserer letzten Begegnung! Und was für eine Freude, das miterleben zu dürfen.

In Japan werden Lehrer mit *Sensei* angesprochen, was einfach nur „Lehrer" bedeutet und einen Universitätsprofessor ebenso einschließt, wie einen *Shiatsu*-Therapeuten oder Teelehrer. Wenn mich auch die japanischen Teefreunde fast immer mit *Sensei* ansprechen, weil sie das so gewohnt sind, verwenden die meisten Teefreunde hier einfach meinen Vornamen.

Selbst das Wort „Teeschüler" versuche ich zu vermeiden, denn das setzt ja immer einen „Lehrer" voraus. Wollte ich ein Lehrer sein, müsste ich den Schüler oder die Schülerin in ihnen finden. Ich sehe sie aber nicht als Schüler oder Schülerin. Ich sehe nicht, dass sie irgendein Manko haben. Was könnte ich ihnen also geben? Ich müsste etwas in mir finden, was ihnen fehlt, aber das gelingt mir nicht. Wo ließe sich so etwas finden, wenn wir genau hinschauen? Nur wenn wir nicht wirklich hinschauen, können wir also eine Meister-Schüler-Situation kreieren.

Das Einzige, was mich vielleicht von meinen Teefreunden unterscheidet ist, dass ich – auf

Grund meiner guten „Handwerksausbildung“ in Japan – vielleicht ein paar Schritte auf dem Teeweg voraus und so in der Lage bin, eine mündliche Tradition weiterzugeben, wie ich sie eben erlernt habe – mehr nicht.

Inzwischen haben mich einige Teefreunde und Teefreundinnen über 35 Jahre begleitet. Ihnen bin ich längst nicht mehr voraus, denn ich erkenne auch in Dankbarkeit, wie viel ich in dieser Zeit von ihnen allen gelernt habe. Und ich freue mich, wenn sie mich jetzt „überholen“ – auch, weil ich mit zunehmendem Alter wieder mehr das Einfache und Schlichte schätzen lerne, und die „Form“ nicht mehr so viel Raum einzunehmen braucht.

Was ich weit mehr suche, ist die Beziehung jenseits von Meister und Schüler, jenseits von Hierarchie, jenseits von Urteil und Konditionierung. Selbstverständlich ist das eine Reise in eine Welt von Unsicherheit, Ungewissheit, Chaos und Offenheit, die auch alle Irrtümer in sich einschließt. Doch gerade das könnte spannend werden. Wagen wir es!

Bei einem anderen Zusammentreffen in unserer kleinen Runde, stellten wir uns die Frage:

„Woran erkennt man denn überhaupt einen guten Lehrer oder Meister, unabhängig von der Tradition?“

Und jeder von uns sollte im Geheimen jeweils zehn Eigenschaften auf ein Blatt Papier schreiben, von denen er glaubte, dass sie Voraussetzung für einen guten Lehrer sein sollten.

Schließlich mussten diese zehn Begriffe oder Voraussetzungen auf drei reduziert werden, was uns allen ziemlich schwerfiel.

Und als wir unsere Ergebnisse aufdecken, waren wir alle sehr überrascht. Wir hatten nicht nur alle fast die gleichen Eigenschaften aufgeschrieben, sondern auch die Reihenfolge der Wichtigkeit war nahezu identisch.

Wie erkenne ich einen guten Lehrer oder Meister?

1. Er oder sie muss Humor haben!
2. Man schaut sich die Gruppe an. Wie geht der Lehrer oder die Lehrerin mit der Gruppe um, und wie gehen die Gruppenmitglieder miteinander um?

3. Wie behandelt der Lehrer oder die Lehrerin seinen oder ihren Partner?

Das Tee-Bild

Shoshana hatte sich aus dem aktiven Leben einer Teelehrerin zurückgezogen, um sich ganz der ihrer eigenen Übung zu widmen. Über ihrem Übungsplatz hängt ein Ölbild, das sie selbst gemalt hat. Als ich es zum ersten Mal sah, hat es etwas Neues – eine Art neues Verstehen - in mir ausgelöst.

„Dies ist mein Abschied vom Tee“, sagte sie schlicht. Spontan antwortete ich: „Würdest Du mir auch so ein Bild über ‚meinen‘ Tee malen?“ Niemand kennt mich als Teemensch besser als Shoshana, also hat sich diese Frage ganz natürlich ergeben.

Als „mein“ Tee-Bild dann fast fertig war, stieß Shoshanas Putzhilfe beim Saubermachen mit dem Besenstiel in das Gemälde, das zu diesem Zeitpunkt auf seiner Staffelei stand. Als mir Shoshana am Telefon davon erzählte, mussten wir beide herzlich lachen. „Das war wohl noch nicht das richtige Bild für dich…“, meinte Shoshana. Und nun sind wieder zwei Jahre vergangen, bis sie sich wieder meldete:

„Es ist schon wieder eine Weile her, aber ich denke, dass ich die zerrissene Leinwand repariere und das Bild fertig male; die verletzte Leinwand gehört wohl einfach dazu... Deshalb meine Frage an Dich: wo stehst du inzwischen im Tee?"

Eine schwierige Frage...

Und ich schrieb Shoshana:

(...) Nun also meine Gedanken zum Teeweg. Ich habe sie in den vergangenen Tagen niedergeschrieben; und ich habe mich entschieden, sie nicht zu verbessern oder zu ändern – ganz so, wie die Gedanken aufgetaucht sind und ohne eine bestimmte Ordnung oder Reihenfolge. Vielleicht können Dir meine Gedanken eine Hilfe sein. Und wenn Du irgendwelche Fragen dazu hast, würde ich mich darüber freuen und die Dinge gern klären, weil ich nicht sicher bin, ob Dir das alles beim Malen helfen kann.

Erinnerst Du Dich noch an meine Gedanken für das Tee-Bild vor zwei Jahren; und meine

Ideen, wie das Bild sein und was es ausdrücken sollte? Diese Gedanken sind nun fast verschwunden. Nicht die Gedanken und Ideen – ich mag sie schon noch. Aber sie scheinen nun nicht mehr so wichtig zu sein – mehr wie eine schöne Erinnerung, wie ein Traum.

Und heute nun habe ich überhaupt keine Idee oder Vorstellung mehr, wie dieses Gemälde aussehen oder was auf der Leinwand erscheinen sollte. Es ist mehr etwas zwischen Dir und mir, eine Art Vertrautheit, die Art Tee, die wir teilen und die wir schon immer geteilt haben...

Ich werde nun älter und sehe immer klarer, was mir bleibt: eine Handvoll Freunde – das ist genug. Und die Familie, natürlich – wichtig in anderer Hinsicht.

Nichts habe ich erreicht, und dennoch fühlt es sich so an, als wäre alles getan, in vieler Hinsicht vollendet. Die Eitelkeiten der Kyotoer Teewelt stören mich nicht mehr. Ich habe gelernt mich zu distanzieren, ohne undankbar zu sein.

Ich habe begonnen, meine eigenen Teegeräte zu verschenken. Ich behalte die einfachen Dinge.

Manchmal sitze ich mit meinen Schülern im Teeraum. Sie bemühen sich, sie sind glücklich, sie beschweren sich, sie haben Schmerzen, sie plappern, sie machen ihre Sache gut, sie schlafen, sie sind vollkommen, sie träumen, sie überraschen mich... Und ich sitze mittendrin und möchte manchmal sagen: Es gibt eigentlich nichts, was ich Euch beibringen könnte!

Nur selten ordne ich noch Blumen in der Bildnische an; sie sehen so viel besser in ihrer natürlichen Umgebung aus. Ich esse kein Fleisch mehr, wenn ich es vermeiden kann.

Das wird immer wichtiger: Eine Schale Tee teilen mit Freunden – sich ganz den jeweiligen Umständen anpassend. Kein Gastgeber – kein Gast. Kafka hat geschrieben: „Du bist die Aufgabe! Kein Schüler weit und breit!"

Als ich noch in Japan lernte, wurde mir erlaubt an den monatlichen Treffen einer Gruppe, die von Shinichi Hisamatsu gegründet wurde, teilzunehmen: „Shin-Chakai". In Daitoku-ji, sehr formell, nur Männer, alle in Kimono und Hakama. Das Hanya-Shingyo wird vor dem Tee rezitiert. Jeder ist Lehrer, jeder ist Schüler, immer im Wechsel. Wahre Übung.

Überhaupt: Übung
Mich selbst in meinem Tee wiederfinden
Ausschmückung und Beiwerk abfallen lassen
Wohlgefühl
Selbstachtung
Das Leben ist wunder-voll
Mitgefühl – Liebe – Freundlichkeit
Freude teilen – Trauer teilen – Tee teilen
Freude statt Furcht
Einfach da sein
Annehmen
Freigeben
Weniger klagen
Kein Rang und Titel
Keine Eitelkeiten
Kein Schüler – kein Lehrer
Dankbarkeit allem Sein gegenüber
Demut lernen
Soheit
Stille

Shoshana, verstehst Du mich? Es sieht fast so aus, als sollte die Leinwand leer bleiben. Ich weiß nicht, es hört sich vielleicht alles etwas verwirrt an... ich nehme es einfach mal, wie es gerade ist – eine Momentaufnahme meines TeeGeistesLebens...

Dank

Über die Jahre habe ich in meinen Newslettern verschiedentlich über „meinen“ Teeweg berichtet. Meine Wegbegleiter haben mich immer wieder ermutigt mehr zu schreiben, so dass ich jetzt – mit über siebzig Jahren – einige Gedanken, Erlebnisse und Erfahrungen zu Papier gebracht habe. Diese Ereignisse sind nicht notwendigerweise chronologisch geordnet und stammen oft auch gar nicht direkt aus der japanischen Tradition, haben aber bis heute einen entscheidenden Einfluss auf das Verständnis meines eigenen Lebens- und Teewegs.

Über Vieles habe ich auch nicht geschrieben. Nicht, weil es weniger wichtig wäre, sondern weil es mich vielleicht nicht so sehr beeinflusst oder geprägt hat. Und vielleicht ist es auch ein wenig die eigene Eitelkeit, Unangenehmes auszublenden und der Hang Dinge im Nachhinein schönen zu wollen.

Durch den Teeweg durfte ich in den letzten vierzig Jahren so vielen wunderbaren Menschen begegnen. Aus diesen Begegnungen sind tiefe und fruchtbare Freundschaften entstanden, die mich bis heute tragen.

Ich bin zutiefst dankbar für meine großartigen Lehrer, Wegbegleiterinnen und Wegbegleiter, die mich unterstützt, gefördert und auch kritisiert haben. Ohne sie wäre mein Leben wohl anders verlaufen, und auch dieses Büchlein hätte nie entstehen können.

Besonderer Dank gilt meinen Teefreunden Thomas Neumann für seine unermüdliche und großzügige Unterstützung beim gesamten Buchprojekt und Albrecht Ude für das Lektorat.

Claudia Weinhold möchte ich für den wunderbar gestalteten Buchtitel danken.

Für alle eventuellen Fehler oder Nachsichtigkeiten bin ich allein verantwortlich.

In tiefer Dankbarkeit und *Gassho*,
Ulrich Haas, mdi (*Soshiki Seizen)*
Im Januar 2021

Anhang

Jubiläums-Ansprachen

Eröffnungsrede von Dr. phil. Detlef Kantowsky zum 20-jährigen Jubiläum, Tübingen im Juli 2006

Das Mitwesen, über dessen inzwischen zwanzigjährige Tee-Lehrerschaft in Deutschland hier zu berichten ist, kam am 5. Juli 1949 zurück in die Menschenwelt. Ort und Zeitpunkt dieser Wiedergeburt waren gut gewählt: St. Georgen ist ein bekannter Kurort im Schwarzwald, der Vater war Chefarzt im dortigen Krankenhaus, und nicht nur die Mutter, sondern auch zwei ältere Schwestern freuten sich über den kleinen Ulrich. Westdeutschland stand am Beginn des Wirtschaftswunders, die DM war seit einem Jahr harte Währung.

Ulrich hatte also, so dürfen wir annehmen, eine sorglose Kindheit. Er trank gerne weiße Milch, und vor „grüner Spinatsuppe" grauste es ihn – frühe Hinweise auf seinen späteren Weg waren damals noch nicht erkennbar.

Auch die Schulzeit verlief eher unauffällig, einmal davon abgesehen, dass Ulrich nach Einschätzung des Lehrers in Mathematik „grottenschlecht" war. Signifikant dagegen der Bericht eines ehemaligen Mitschülers aus der Internatszeit: Wenn Ulrich Stubendienst hatte, pflegte er seine Mitschüler morgens meist zu wecken, indem er mit einem langen Lineal, das er aufrecht vor sich hielt, langsam von Bett zu Bett ging und dann zu drei kurzen Schlägen auf die Schultern des Schläfers rief: „**auf-wa-chen**". Die Internatsleitung, die davon erfuhr, erklärte das als übliche Faxen unter pubertierenden Mitschülern. Dass es hier womöglich um ZENtrale, dem Handelnden selbst aber unbewusste Prägungen aus früheren Lebenswelten ging, das lag jenseits des damaligen pädagogischen Horizonts im Hoch-Schwarzwald.

Über die Lehrzeit zum Landwirtschaftsmeister im Kaiserstuhl waren leider keine Daten zu beschaffen, da fehlt mir der rechte Zugang zum Milieu der Winzer. Doch liegen Erkenntnisse aus dem ehemaligen „Amt zur Erfassung grüner Austriebe" in Stuttgart vor. Auf einem Bild ist ein vollbärtiger Uli zu sehen, der auf einem Traktor einen Protestzug gegen das geplante Atomkraftwerk in Whyl anführt: Wer 1949 in diese Welt kam, der konnte halt gar nicht anders, als zunächst einmal ein markanter 68ger zu werden.

Aus der Studienzeit in Berlin liegen mir Daten vom damaligen AWA, dem „Amt für weltanschaulichen Abwehrdienst“ vor. Danach wurde der Student Haas mehrfach bei Fahrten mit der S-Bahn durch den Ostsektor bis nach Frohnau observiert, wo er an konspirativen Sitzungen einer Gruppe teilnahm, die unter der Leitung eines gewissen Dr. Zernickow stand und sich „Erste Berliner Zen-Gemeinschaft“ nannte.

Nach dem Studium ging es dann in die große weite Welt. Im Erwachsenen-Bildungs-Institut seines Schwagers vermittelte Ulrich international neue Lehr- und Lernformen bis nach Nordafrika und sogar Singapur. Und just hier, im Multi-Kulti-Milieu von Singapur war es, dass Ulrich bei einer Einladung in einer japanischen Familie erstmals eine Schale Matcha geschlagen wurde. Wie es dann weiterging, wie Ulrich zum Beispiel in Freiburg bei einer Japanerin mit einer Suppenterrine als *Kama* erste Übungen auf dem Teeweg absolvierte, kann er uns bei anderer Gelegenheit am besten selber berichten. Hier können wir nur wie folgt rückschliessen:

Hier und jetzt, im Juli 2006: Seit zwanzig Jahren Tee-Lehrer, davor sieben Jahre Ausbildung bei Urasenke und im Tenryu-ji in Kyoto – also wird Ulrich etwa 1979 dreißigjährig als Teeschüler nach Japan gegangen sein.

Innerhalb von sieben Jahren, so heißt es, haben sich alle Zellen unseres Körpers mindestens einmal erneuert. Ulrich kam also als ein anderer aus Japan zurück. Und tatsächlich, wenn man Bilder von ihm etwa aus der Abschlussklasse bei Urasenke sieht: Der schmale junge Teelehrer hätte mindestens zwei Mal in die alte abgetragene Haut des Weinbauern Haas gepasst. Erklärt sich daher vielleicht, dass Ulrich immer wieder gerne Kochseminare gibt, in denen er uns zu vermitteln sucht, was für Gaumenfreuden ihm in langen Sesshin aufstiegen?

Genug der Mutmaßungen, denn seit 1986 befinde ich mich als Chronist endlich auf gesichertem Boden, muss nicht mehr nach Hörensagen gehen, sondern habe gedruckte Materialien, richtige Quellen also, vorliegen:

Ulrichs Lehrtätigkeit beginnt, wen wundert's, in Vogtsburg im Kaiserstuhl in einem „Schwarzwald Chado-Kai" genannten kleinen Hutzel-Häusle, das er uns anläßlich einer Exkursion in die Weinlagen des Kaiserstuhl einmal gezeigt hat. In seiner damaligen Selbstdarstellung hieß es dazu: „Ulrich Seizen Haas unterrichtet nach seiner mehrjährigen Ausbildung in Japan in seinem Haus im Kaiserstuhl." Von hier aus wurden auch Teegruppen in Frankfurt, Stuttgart und in München betreut.

Über die Erfahrungen im Teehaus in München berichtet Ulrich allerdings eher ungern. Gehen wir daher gleich weiter zur zweiten Station, dem „Schwarzwald Chado-Kai" im Griesget-Hof im Hochschwarzwald oberhalb von St. Georgen. Dazu wiederum ein Zitat aus der neuerlichen Selbstbeschreibung: „Im Haus verfügen wir über einen japanischen Teeraum mit allen notwendigen Teegeräten, und für größere Gruppen kann auch die große Übungshalle mit Tatami ausgelegt werden." Leider habe ich den Teeraum in der Mini-Einliegerwohnung im Erdgeschoss des Griesget-Hofs nicht mehr gesehen, kenne nur von späteren *Sesshin* und einem Seminar mit Michiko Nojiri-Sensei den

Raum an sich, in dem gerade drei (oder waren es doch zweieinhalb Matten, Ulrich?) Tatami passten: Es muss dort eine sehr dichte Atmosphäre beim Unterricht gewesen sein, wenn man die Zufahrt über Waldwirtschaftswege bis in die Quell-Lagen des Nussbach gefunden hatte!

Von den Höhen des Black Forest ging es dann nach Osten in die Ebene der kalten Baar. Im „Zollhäusleweg 3" in der Nähe von Villingen-Schwenningen baute der Zen-Mönch Seizen Haas wunderschöne Tee-Räumlichkeiten in einen aufgelassenen Schopf so geschickt ein, dass von diesem „Haus im Haus" die zuständigen Behörden erst nach Einweihung im Dezember 1993 Kenntnis nahmen.

Ins Baar-Buch der Rekorde ging das Gelände aber dennoch ein: Nie zuvor wurden so große Findlinge von einem bekannten Tübinger Gartenarchitekten antransportiert und nach Meinung der Einheimischen sinnlos vergraben. Nie zuvor auch war in der Region eine so große Teichfolie nahtlos für einen kleinen See samt Insel verlegt worden.

Sieben Jahre nach der Rückkehr aus Japan hatte sich Ulrich wiederum einmal erneuert. Aus dem Zen-Mönch wurde ein Familienvater. Ingrid und ich erinnern uns immer wieder gerne an den Unterricht, den wir zusammen mit Susann im Zollhäusle hatten. Die später Miriam genannte Tochter war immer sichtbarer dabei, und man wird sehen, wie sich diese pränatale Prägung einmal manifestieren wird. Wie wir beim letzten Kaiseki-Seminar in Merzhausen neulich erleben durften, ist Miriam schon jetzt ganz wild auf japanische Nudeln mit Soja-Soße. Und wie anmutig geschickt servierte sie uns schon vor einigen Jahren im SeminarZENtrum das Kaiseki im Ryurei-Zimmer, nicht wahr Henning?

Doch noch sind wir im Zollhäusle. Weil die meisten von uns aber die weiteren Stationen über die Wildtalstraße südlich von Freiburg, das SeminarZENtrum in Gundelfingen und den neuerlichen Umzug und wiederum Neuaufbau in Merzhausen selber kennen und als Schülerinnen und Schüler begleitet haben, will ich darauf nicht weiter eingehen, außer mit einem tiefen Seufzer des Bedauerns darüber, dass Gundelfingen wegen drastischer Reduktion der Förderung aus Kyoto nicht gehalten werden konnte: Wieviel Freude und Mühe hatten Ulrich und die Helferinnen und Helfer in diesen fast sechsmonatigen Ausbau investiert!

Dem Chronisten bleibt jetzt nur noch, auf eine ihm wichtig erscheinende Änderung in den Selbstdarstellungen aufmerksam zu machen: Im Kaiserstuhl, im Griesget-Hof und auch noch im Zollhäusle wurde ein „Schwarzwald Chado Kai" beschrieben. In Wildtal bei Freiburg spricht Ulrich von der „Freiburger Niederlassung der Urasenke Stiftung". In Gundelfingen nennt er seine Übungsräume „SeminarZENtrum" der Urasenke Stiftung. Daraus wurde dann jetzt in Merzhausen eine „Klause der mühelosen Wirklichkeit", wo „der japanische Teeweg in der Tradition des Zen" vermittelt wird.

Ich mag mich irren, doch für mich äußert sich in diesen Namensänderungen eine schrittweise Emanzipation von den Vorlagen einer Tradition, deren Grundmuster uns Ulrich Seizen Haas seit zwanzig Jahren lehrt, damit wir **auf-wa-chen** und unseren eigenen Weg gehen lernen können.

Wie also kam der Tee-Zen-Weg in den Westen? Schaut ihn Euch an, den Haas, der hat ihn uns aus Kyoto mitgebracht! Ihr alle seid dabei gewesen und seid gewiss genauso neugierig wie ich auf die Manifestation der nächsten Totalerneuerung.

Eröffnungsrede von Dr. phil. Detlef Kantowsky zum 30-jährigen Jubiläum, Tübingen im Juni 2016

„Warum sachlich bleiben, wenn es nur persönlich geht". Nach diesem Motto will ich vier Begegnungen mit Ulrich Soshiki Haas hier vorstellen.

Die **erste Begegnung** mit Ulrich ergab sich für mich eher zufällig. Der Stuttgarter Zen-Kreis um Edgar Thriemer hatte sich mit Ayya Khema überworfen. Das von den Stuttgartern mit Unterstützung von Silvius Dornier gegründete Buddha-Haus bei Isny im Allgäu kam als freier Übungsort für sie nicht mehr in Frage. Sie suchten einen neuen Platz für ihre Sesshin, die von Genro, einem Wiener Schüler von Sasaki Roshi, geleitet wurden. Ich schlug ihnen den Griesget-Hof vor, den ich von anderen Kursen kannte. Wir trafen uns einige Tage später in St. Georgen und fuhren rauf in das Quellgebiet des Nussbach, wo der einsame Hof lag, den ein Ethno-Filmer aus Königsfeld aufgekauft, umgebaut und für Seminare eingerichtet hatte. Die Seminare realisierten sich nicht; nur in der großen Sitzhalle, dem ehemaligen Heuboden des Schwarzwälder Bauernhauses mit tief herab gezogenem Dache, kündeten viele Kultfiguren aus Papua-Neuguinea noch vom einstigen Vorhaben.

All dies war für die neugierigen Sucher aus Stuttgart noch nicht zu erkennen. Was sie vielmehr sahen, war ein silberfarbiger VW-Bus, der zum mobilen Tee-cum-Zen Habitat ausgebaut war. Ein gut dreißigjähriger Mann in lockerer grauer Kleidung machte sich darin zu schaffen. „Ja", hieß es, „geht nur rein, es ist alles offen. Ich kann Euch leider nicht führen, weil ich mich um die Vorbereitungen für ein Tee-Seminar kümmern muss." Ein Tee-Seminar, das interessierte die Zenner nicht. Sie wollten wissen, wie viele Teilnehmer im Haus bequem unterkommen könnten, wie die Küche eingerichtet sei und weitere praktische Details, auf die Übende in einem Sesshin angewiesen sind.

Leider habe ich mich damals nicht um die winzige Einliegerwohnung gekümmert. Sie lag versteckt im Erdgeschoss. Dort wohnte Ulrich damals, wenn er nicht in Sachen Tee mit dem VW Bus etwa ins Lindenmuseum nach Stuttgart zum Unterricht unterwegs war. Er soll dem Vernehmen nach aber auch dort gelegentlichen Besuchern eine Schale Tee geschlagen haben. Der Raum war drei Tatami groß – danke, das genügt.

Die **zweite Begegnung**, über die ich hier berichten will, spielt im neu eingerichteten Zollhaus. Vor zehn Jahren hatte ich dazu geschrieben: „Von den Höhen des Black Forest ging es dann nach Osten in die Ebene der Kalten Baar. Im Zollhäusle-Weg 3 in der Nähe von Villingen-Schwenningen baute der Zen-Mönch Seizen Haas wunderschöne Tee-Räumlichkeiten in einen aufgelassenen Schopf so geschickt ein, dass von diesem „Haus im Haus“ die zuständigen Behörden erst nach Einweihung im Dezember 1993 Kenntnis nahmen. Ins Baar-Buch der Rekorde ging das Gelände aber dennoch ein: Nie zuvor wurden so große Findlinge von einem bekannten Tübinger Gartenarchitekten antransportiert und nach Meinung der Einheimischen sinnlos vergraben. Nie zuvor auch war in der Region eine so große Teichfolie nahtlos für einen kleinen See samt Insel verlegt worden.

Wer die dortigen Räumlichkeiten noch kennt, der wird sich erinnern, dass es eine große Teeküche samt Vorbereitungsraum gab, in die eine geräumige Toilette installiert war. Den Gästen, darunter auch Hans, Ingrid und ich, sollte ein Kaiseki serviert werden, und wir hörten Ulrich und Susann in der Teeküche hantieren. Ich dachte mir, dass es vielleicht besser wäre, mich vor Beginn noch einmal zu erleichtern, stand also auf, ging um das Haus zum Kücheneingang, öffnete die Tür und bat um Durchgang zur Toilette.

Wir alle kennen Ulrich und wissen, dass er um Worte nicht verlegen ist. Doch diese Situation überstieg seine kommunikative Kompetenz: Auf dem Boden richtet er zusammen mit Susann zum ersten Mal ein Kaiseki im neuen Ambiente, und dann kommt da doch tatsächlich ein Westbarbar und will zur Toilette!

Ich erinnere mich nicht mehr, wie wir damals die Situation meisterten. Doch gab es künftig vor Beginn etwa eines Teeseminars immer genaue Hinweise über die Toiletten im Haupthaus, mit dem großen Übungsraum für mehrtägige Zen-Seminare.

Merkwürdig im wahrsten Sinne des Wortes war eine **dritte Begegnung** mit Ulrich. Am 10. Juli 1996 hatte ich ihm noch aus Bodman gefaxt: „Hoffentlich werdet ihr beim Tee-Fest in Tübingen etwas angenehmeres Wetter haben als in diesen Tagen jetzt. – Bis zum Wiedersehen bei den Lamas".

Dieser Abschiedsgruß spielt an auf die Lama-Foundation in New Mexiko, wo wir uns mit Ulrich und Susann für Ende Juli verabredet hatten. Ulrich war zum Teeunterricht eingeladen worden, und für uns war es eine gute Gelegenheit, diese, Ende der sechziger Jahre gegründete, alternative Lebensgemeinschaft kennenzulernen. Es gibt sie noch immer, und im Netz kann man Details nachlesen, auf die ich hier nicht eingehen will.

Als wir uns mit dem kleinen Wohnmobil dem Gelände näherten, da sahen wir, dass die Flammen eines Buschfeuers das weiträumige Gelände zerstört hatten. Die Holzkonstruktionen der leichten Lehmbauten waren niedergebrannt, nur verkohlte Dachsparren waren übriggeblieben. Man musste sich für einige Zeit in Zelten oder abseits liegender Cottages einrichten, die das Feuer nicht erreicht hatte. Wir waren mit unserem Wohnmobil gut ausgerüstet – Genug der Details, sie mögen genügen, um die folgende Szene sich vorzustellen.

In der ausgebrannten Halle des Haupthauses, mit freiem Blick in den Himmel, saß eine Teegruppe beisammen, denen Ulrich einen Koicha bereitete. Ein Stück des Bodens war sauber gefegt worden. Wir saßen im Halbrund um Ulrich, der sich jäh erhebt, aus den Holzresten an der Wand eine verkohlte Astgabel fummelte, zu seinem Platz zurückkehrte, sich verbeugte und die kleine schwarze Gabel in der Schale mit dickem grünem Tee arrangierte.

Wir waren Zeuge geworden einer besonderen Form von „Soheit", die sich in dieser Dichte nicht arrangieren lässt. Auch Ulrich selbst war überrascht und konnte im Nachhinein nicht erklären, was in ihm vorging, als er sich spontan erhob und mit seiner Geste Anteilnahme am Verlust des Haupthauses ausdrücken wollte.

„Ein Augenblick, eine Zusammenkunft".

Die hier vorgestellte **vierte Begegnung** löst das Motto vollends ein, das ich meinen Bemerkungen vorangestellt hatte: „Warum sachlich bleiben, wenn es nur persönlich geht."

Auf dem Heimweg von einer Beerdigung auf dem Bodmaner Friedhof fragte ich, wie es denn bei uns einmal sein werde. „Na, das ist doch klar", meinte Ingrid spontan, „der Ulrich wird das machen". Und so kam es dann, dass Ulrich am 18. Januar 2014 einen Gedenktee für Ingrid bereitete, nachdem sie am 26. Dezember von uns gegangen war.

Ulrich hatte einen Schmuckziegel vom Dachfirst des Tenryu-ji erhitzt. Darauf stand die kleine Kanne mit dem heißen Wasser. Als der dicke Tee die richtige Konsistenz hatte, erhob sich Ulrich von seinem erhöhten Sitzplatz, der seitlich zu den Gästen arrangiert war, ging zum Tisch mit den persönlichen Gegenständen, sie hatten alle eine Beziehung zu Ingrid, und stellte die Schale vor ihr Bild, das sie am Ro zeigte.

Wir hatten die Gäste gebeten, keine Blumen mitzubringen, sondern nur frohe Rückerinnerungen. Und so verabschiedeten wir uns mit dem Lied „Geh aus mein Herz und suche Freud". Der engere Kreis der Verwandten fuhr dann mit der Urne zum Waldfriedhof St. Katharinen auf den Bodanrück.

Vier Begegnungen mit Ulrich, dem Zen-Mönch und Teelehrer. Im Griesget-Hof im Schwarzwald, im Zollhaus auf der kalten Baar, bei der Lama- Foundation in New Mexiko und bei einem Gedenktee für Ingrid in der Aussegnungshalle des Bodmaner Friedhofs.

Lieber Ulrich Soshiki Haas: Auch im Namen Deiner vielen Schülerinnen und Schüler danke ich Dir für die stimulierende Weggemeinschaft und hoffe für Euch auf ein wiederum schönes Fest in zehn Jahren.

Ostfriesentee

Richtig zubereiten, servieren und Trinken

Zitiert aus Albrechts „Teebrief"

Ostfriesentee bereiten

Um eine Ostfriesische Mischung gut zuzubereiten, gibt es verschiedene Wege, abhängig davon, welche Geräte man hat. In meiner Küche gibt es einen Wasserkessel, eine Kanne, um den Tee aufzubrühen und ziehen zu lassen (*Treckpott*, Ziehtopf) und eine Kanne, in der der Tee serviert wird.

Wenn Ihr nur eine Servierkanne habt, könnt Ihr auch mit den Teefiltern arbeiten. Für feinere Tees (chinesische Grüntees oder Darjeelings) empfehle ich die nicht, weil sie eben doch ein klein wenig zu schmecken sind – aber die Wucht einer Ostfriesenmischung wischt das beiseite.

Unverzichtbar ist frisches, sauberes Wasser. Es sollte so weich wie möglich sein, wobei Ostfriesentee auch mit hartem Wasser aufgebrüht werden kann. Destilliertes Wasser geht nicht, stilles Mineralwasser kann man probieren. Am besten ist frisches, weiches Leitungswasser. Früher wurde auch Regenwasser genommen.

Ihr braucht drei Mal heißes Wasser:

1. Zum Vorwärmen aller Kannen, die Ihr verwendet. Die Kannen sollten innen richtig heiß sein. Dazu reicht es, sie zu etwa einem Viertel zu füllen und dann auszuschwenken.
   Sobald die Kanne heiß ist, wird das Wasser ausgegossen. In einen *Treckpott* wird der Tee hineingeschüttet, ein Papiersäckchen wird hineingehängt. Der Tee soll dadurch warm werden.

2. Wasser zum „Anbrühen". Ganz wichtig ist, dass Ihr die Teeblätter aufquellen lasst, man nennt das „anbrühen". Dazu müssen die Teeblätter mit ganz wenig sprudelnd kochendem Wasser übergossen werden. Dies Wasser nehmen sie auf und quellen. Idealerweise sind nach dem Anbrühen alle Teeblätter feucht, aber es stehen keine Pfützen darauf. Das Anbrühen dauert etwa eine Minute.

3. Wasser zum „Aufbrühen". Wenn der Tee angebrüht ist, wird er aufgebrüht. Das heißt, dass die Teekanne mit dem angebrühten Tee darin komplett, wieder mit sprudelnd kochendem Wasser gefüllt wird.

Jetzt müsst Ihr den Tee „ziehen" lassen. Mindestens fünf Minuten sollten das schon sein. Wenn Ihr einen *Treckpott* verwendet, sollte der Tee mit einem Löffel umgerührt werden. Wenn Ihr ein Teesäckchen nehmt, sollte das mal bewegt werden.

Nach der Ziehzeit wird der Tee „abgegossen". Wenn Ihr einen *Treckpott* verwendet, wird der Tee durch ein Sieb in die (vorgewärmte!) Servierkanne umgegossen. Wenn Ihr ein Teesäckchen nehmt, wird es nochmal im Aufguss bewegt und dann herausgenommen.

Zur Dosierung nimmt man in Ostfriesland Teelöffel, die sind kleiner als die üblichen Kaffeelöffel. Die überlieferte Regel sagt, dass man für jede Tasse (*Koppje*) in der Kanne einen Löffel Tee nimmt und einen weiteren für die Kanne. Wenn die Kanne also so groß ist, dass Ihr acht *Koppjes* ausschenken könnt, kommen neun Löffelchen Tee hinein.

Sobald der Tee in der Servierkanne ist, wird diese auf ein Stövchen gestellt und kommt auf den Tisch.

Ostfriesentee servieren

Für jeden am Tisch steht eine kleine, halbkugelige Tasse bereit, das *Koppje*, darunter die Untertasse, auf der ein Teelöffel liegt.

In einer Schale stehen große Zuckerkristalle (*Kluntje*) mit einer Zuckerzange bereit, in einer weiteren fette Sahne (*Röhm*) mit einem Sahnelöffel.

Jeder am Tisch nimmt sich selbst *Kluntje* für etwa drei Tassen Tee und platziert ihn auf dem Boden der Tasse wie einen kleinen Eisberg. Es sollte wirklich ein Berg sein, *Kluntje* ist groß genug dafür.

Dann serviert die Hausfrau (und niemand sonst!) reihum jedem Gast den Tee. Zunächst aber gießt sie einen Schluck Tee in ihre eigene

Tasse, damit, falls noch irgendein Teeblättchen im Abguss sein sollte, es bei ihr landet.

Bei diesem ersten Eingießen schweigen alle, denn man will das *Kniddern* hören, dass Geräusch, mit dem die Zuckerkristalle durch den heißen Tee springen. Eingegossen wird bis dahin, wo der obere Teil des Henkels an das *Koppje* reicht. Idealerweise ist das *Koppje* jetzt voller Tee, und in der Mitte ragt etwas Zucker hinaus („Eisberg“).

Jetzt bedient sich jeder Gast von der Sahne. Man nimmt einen Sahnelöffel voll und lässt sie sanft am Tassenrand in den Tee fließen – man „legt“ sie auf den Tee. Könner machen das mit einer Bewegung von drei Uhr auf zwölf Uhr „um die Zeit anzuhalten“.

Wenn die Sahne fett genug ist (32 % Fettgehalt sollten es mindestens sein), sinkt sie erst auf den Tassenboden hinab und steigt dann wie eine Wolke (*Wulkje*) wieder an die Oberfläche.

Umgerührt wird nicht, man trinkt den Tee in drei bis fünf großen Schlucken, sozusagen in drei Stockwerken. Oben der Tee mit der Sahne, in der Mitte der reine Tee, unten die Süße des gelösten Zuckers.

Wer seine Tasse leergetrunken hat, der oder dem wird sofort und ungefragt nachgeschenkt. Dabei gilt: drei Mal ist Ostfriesenrecht (*Dree Mol is Ostfreesenrecht*). Wer nicht mindestens drei *Köppchen* trinkt, beleidigt die Hausfrau.

Die Löffel braucht man nur, um anzuzeigen, dass nicht mehr nachgefüllt werden soll: Wer keinen Tee mehr trinken möchte, legt seinen Löffel in die Tasse. Also braucht man den Löffel eigentlich gar nicht!

Nach dem dritten *Köppchen* greift man gern zum Essen. Tee wird zu jeder Mahlzeit gereicht, von morgens bis abends. Typischerweise gibt es nachmittags zum Tee Gebäck. Das können Kuchen sein, Waffeln, (*Krüllkuchen*), gezuckerte Blätterteig-Brezeln oder Teegebäck.

Glossar

Chabako
Alle Teegeräte sind in einem Kästchen, meist für Tee in der Natur gebraucht

Chado
„Der Teeweg“, einer der Schulungswege des Zen-Buddhismus

Chaji
Formelle Tee-Zusammenkunft, bis zu fünf Personen

Chajin
„Teemensch“, jemand, der den Teeweg verinnerlicht hat

Chakai
Informelle Tee-Zusammenkunft, auch für mehr als fünf Personen

Challa
Geflochtenes Brot aus Weißmehl, Hefe, Eiern und etwas Fett.; wird meinst am Schabbat gebacken.

Chamei
„Tee-Name", Ehrentitel, volle Lehrbefähigung

Chanoyu
„Heißes Wasser für Tee", bei uns meist mit Teezeremonie übersetzt

Chazen-ichimi
„Tee und Zen – ein Geschmack"

Chuppa
Trau-Baldachin bei der jüdischen Hochzeitsfeier

Dharuma
sanskr. Bodhidharma, erster Patriarch des Zen

Dhikr
„Gedenken Gottes", im Sufismus Meditationsübung in Bewegung und Atmung

Do
Weg, Pfad, Lehre, Schule

Dokusan
Einzelunterweisung in der Koan-Übung; diese Begegnung mit dem Zenmeister dauert oft nur wenige Sekunden

Furo
Tragbarer Holzkohleofen im Sommer

Futon
Zusammenrollbare japanische Baumwollmatratze

Gaijin
„Mensch von außerhalb“, Fremder, Nicht-Japaner

Gaku
Lehre

Goi
Jiddisch für Nicht-Jude

Gyotei
„Altmeister“, Teelehrer, die 10 bis 15 Jahre direkt unter dem Großmeister gelernt haben und eng mit seiner Familie verbunden sind

Hakama
Eine Art plissierter Hosenrock, wird bei formellen Anlässen über dem Kimono getragen. Auch in manchen Sportarten, wie zum Beispiel Kendo (Schwertfechten) üblich

Hannya-Shingyo
Herz-Sutra

Hei-jo-shin-kore-do
„Dein alltäglicher Geist ist der Weg“

Hekiganroku
„Niederschrift von der smaragdenen Felswand“, chin. „Bi-Yän-Lu“, berühmte Koan-Sammlung

Honrai-mu-ichi-motsu
„Von Anbeginn nicht ein Ding“, alle Dinge kommen aus der Leere

Ichigo-ichie
„Ein Moment – ein Zusammentreffen“. Erinnert daran, dass jeder Augenblick des Lebens einzigartig und unwiederholbar ist

Ikebana
„Lebende Blumen“, bei uns meist Blumenstecken genannt

Jaku
„Stille, Gelassenheit“

Jeschiwa
Jüdische Hochschule für das Thora-Studium

Jitsu
Übung

Kaiseki
Formelle Teezeremonie-Küche, die „Haute Cuisine“ Japans

Kama
Eisenkessel in dem das Wasser für den Tee erhitzt wird

Kansha
Allumfassender Dank, Würdigung

Karmapa
Titel des höchsten Lamas der Karma-Kagyü-Schule des tibetischen Buddhismus

Kei
„Hochachtung, Ehrfurcht“

Keiko
Unterricht

Kimono
Traditionelle japanische Kleidung

Kinhin
Geh-Meditation

Kippa
Gebräuchliche Kopfbedeckung gläubiger jüdischer Männer

Koan
Oft paradoxe Fragen oder Sentenzen, die in der Meditation zu lösen sind

Koicha
Dickflüssiger, starker Pulvertee

Konnichi-an
„Heute-Klause", auch Synonym für den Teehaus-Komplex der Urasenke Teeschule in Kyoto

Kotel
Klagemauer

Masel-Tov
"Viel Glück, viel Erfolg"

Matcha
Grüner Pulvertee (gemahlener Tee)

Machiai
Überdachte Wartebank im Teegarten

Midorikai
"Die Grünen", Ausländergruppe an der Urasenke-Teeschule

Mizuya
Vorbereitungsraum, meist in der Nähe des Teeraums

Mochi
Klebreis

Mu-shin
„Absichtsloser Geist"

Oiemoto
Oberhaupt oder Großmeister einer traditionellen japanischen Schule

Okusama
Ehrenvolle Anrede für die Frau des Großmeisters

Om Mani Padme Hum
„Om, das Juwel im Lotus", berühmtes Mantra

Pita
Fladenbrot

Rabbi
Jüdischer Gelehrter

Rebbe
Chassidischer Meister, Gelehrter

Rinpoche
Tibetischer Ehrentitel für einen Lama

Rikyu
Sen no Rikyu (1522–1591), Vollender des japanischen Teewegs

Rikyu-Onsodo
Gedenkraum für Sen Rikyu

Ro
Eingelassene Feuerstelle im Winter

Rohatsu
Gedenktag von Buddhas Erwachen am 8. Dezember

Roshi
„Meister“ im japanischen Zen-Buddhismus

Ryurei
„Stehende Verbeugung", Tee-Zubereitung an Tischen und auf Stühlen

San
Wird an den Namen angehängt, bedeutet „Herr", „Frau" oder „Fräulein"

Schochet
„Schächter" für rituelles Schlachten

Sei
„Reinheit", im körperlichen und geistigen Sinn

Seiza
Fersensitz

Sensei
„Lehrer"

Senzai
Warme Tee-Süßigkeit mit gegrillten Mochi-Stücken

Sesshin
Intensiv-Trainingsperiode im japanischen Zen-Buddhismus

Shiatsu
"Fingerdruck", Akkupressur

Shinkansen
Schnellbahnstrecke in Japan

Sho
"Mundorgel", in der japanischen, höfischen Musik

Simchat-Tora
„Freude der Thora", Freude an der Weisung, letzter jüdischer Feiertag des Laubhüttenfestes

Tai-Chi
Chinesische Bewegungsmeditation

Takuhatsu
Almosengänge im japanischen Zen-Kloster

Tatami
Japanische Bodenmatten, ca. 95 x 190 cm

Tenshin
"Leichter Imbiss", Alternative zum Kaiseki, dem sehr aufwändigen Teezeremonie-Mahl

Usucha
Leichter, dünnflüssiger grüner Pulvertee

Wa
„Harmonie, Frieden“

Wakasosho
“Junger Meister”, designierter Nachfolger des Großmeisters

Yabunouchi
Eine der Teeschulen in Japan

Zazen
„Sitzen in Zen“, Zen-Meditation

Zendo
„Sitzhalle“, Meditationshalle